GERHARD BERGMANN

W0061313

Jesus Christus —
oder Buddha, Mohammed,
Hinduismus?

SCHRIFTENMISSIONS-VERLAG GLADBECK/WESTF.

6. Auflage – 51.–65. Tausend

1976 im Schriftenmissions-Verlag Gladbeck
Umschlag: Gerd Meussen, Essen
Druck: Krämer & Banker, Gelsenkirchen-Buer

ISBN 3 7958 0080 3

VORWORT

Die Begegnung mit den außerchristlichen Religionen kommt immer mehr auf uns zu. Darum ist Information notwendig.

Diese Schrift will aber nicht nur den Leser informieren, sondern auch durch Vergleiche mit Jesus Christus und seinem Evangelium dazu helfen, die außerchristlichen Religionen richtig beurteilen und bewerten zu können.

Gerhard Bergmann

Wir sind gefragt

Mir sitzt ein sympathischer, aufgeweckter Oberschüler gegenüber. Gar nicht besserwisserisch, sondern ehrlich stellt er mir die Frage: „Nun sagen Sie mir doch mal: Warum soll ich denn Christ sein? Kann ich nicht genausogut Buddhist oder Mohammedaner sein?"

Er fragte mich deshalb, weil gerade in jenen Wochen im Religionsunterricht der Schule die Weltreligionen durchgenommen wurden.

Wir haben ein gründliches Gespräch miteinander geführt.

Dieser Oberschüler steht gleichsam für Tausende und aber Tausende. Wir sind gefragt.

Mehr noch: Die Frage kennen wir in unserem eigenen Herzen. Wir sitzen zum Beispiel am Fernsehapparat und sehen eine Sendung über die Menschen in Indien und ihr religiöses Leben. Leicht schleicht sich dann die Frage ein: Haben sie nicht auf ihre Weise recht?

An den Universitäten Westdeutschlands studieren etwa 8000 junge Menschen islamischen Glaubens. Insgesamt sind rund 200 000 Moslems allein in der Bundesrepublik. Hinzu kommen die anderen europäischen Länder, z. B. die Schweiz, Österreich, England ... Überall befinden sich Anhänger Mohammeds, Buddhas oder des Hinduismus. Die fragen uns – ob nun direkt, wie ich es wiederholt erlebte, oder indirekt allein schon durch ihre Anwesenheit.

Selbst buddhistische Mönche gibt es in unseren Gauen. In Ceylon kam es 1952 zur Gründung einer buddhistischen „Missionsgesellschaft" eigens für Deutschland. Es ist erstaunlich, welch ein Erwachen in den nichtchristlichen Religionen erfolgt ist. In Deutschland nehmen die Kreise zu, die eine Verschmelzung von Christentum und Buddhismus anstreben. Ebenso mehren sich unter uns diejenigen Menschen, die nicht mehr von einer vergleichenden, sondern von einer synoptischen Religions-Wissenschaft sprechen. Damit ist gemeint, die verschiedenen Religionen einschließlich des Christentums müßten als etwas Gemeinsames gesehen werden.

Je mehr Flugzeuge durch die Lüfte ziehen, um so intensiver wird die Begegnung mit fremden Völkern und Religionen. Die Welt ist klein geworden.

Im Oktober 1965 war ich auf der Frankfurter Buchmesse. Ein Verlagsdirektor sagte zu mir: „Die ausländischen Verlage nehmen hier in Frankfurt Jahr um Jahr zu." Ich war erstaunt, zu erfahren, daß schon 1965 von insgesamt 2376 ausstellenden Verlagen 1585 ausländische waren. Das sind also weit mehr als die Hälfte. Ich habe bei meinem Messebesuch die vielen ausländischen Verlage gesehen. Selbst von Tokio waren sie gekommen, um ihre Bücher anzubieten. Dort in Frankfurt findet der internationale Bücheraustausch und -umschlag statt. Ausländische Verlage übernehmen Bücher unserer Verlage, übersetzen und verbreiten sie in ihren Ländern. Und umgekehrt: Wir übernehmen und übersetzen Bücher von ihnen. Dazu gehören auch Bücher der östlichen Hochreligionen: Buddhismus, Hinduismus und des arabischen Islam. *Persönlich bin ich der Meinung, daß diese geistige Begegnung in Wort und Bild noch bedeutender ist als die Anwesenheit der Moslems, Hindus und Buddhisten unter uns in Europa. Wahrhaftig, wir sind gefragt.*

Begegnung als Chance

Es wäre nun völlig falsch, wollten wir dies nur unter dem Gesichtspunkt der Bedrohung sehen. Nein! Ebenso tut sich durch die Begegnung eine große geschichtliche Chance und Stunde auf. Das Evangelium ist gerufen, seine Heilssendung in aller Welt erfüllen zu können.

Aber: Die Heilssendung können wir nur dann recht wahrnehmen, wenn wir auch recht zu antworten vermögen. Mehr noch: Diese Antwort können wir nur dann nach außen weitergeben, wenn wir zunächst unter uns im Inneren zu völliger Klarheit gekommen sind. Das gilt für die Christenheit insgesamt, wie für jeden einzelnen persönlich, ja gerade für ihn. Somit stehen wir wieder bei unserem Oberschüler mit seiner Frage: „Kann ich nicht genausogut Buddhist oder Mohammedaner sein?"

Die „Heiden" beschämen uns

Wenn uns jemand diese Frage stellt, müssen wir den Betreffenden zunächst einmal davon überzeugen, daß diese Frage nicht spielerisch gestellt werden darf. Gewiß ist seine Frage eine Erkenntnisfrage. Als solche hat sie unbedingt ihr Recht. Mit bloßem Traditions-Christentum ist uns nicht geholfen. Aber wenn der betreffende Mensch meint, die Vorstellungen von einem lauwarmen Unverbindlichkeits-Christentum könne er auch auf die heidnischen Religionspraktiken übertragen, so irrt er sich. Darum kann es richtig sein, wenn man dem Betreffenden zunächst einmal sagt:

„Dann werden Sie doch mal Mohammedaner und fasten Sie den ganzen Monat Ramadan, daß es Ihnen vor den Augen flimmert. Dann werden Sie doch mal Hindu. Aber wehe Ihnen, wenn Sie dann in die kastenlose Klasse der Parias hineinkommen. Dann sind Sie praktisch kein Mensch mehr. Selbst von Ihrem Körperschatten möchte keiner berührt werden, weil selbst Ihr Schatten noch unrein ist. Als Paria gehören Sie praktisch zu den Ausgespuckten der menschlichen Gesellschaft. Das lehrt deren Religion. Wenn Sie dies alles bedacht haben, dann aber trotzdem noch meinen, statt Christ genausogut Buddhist, Moslem oder Hindu werden zu können, nun, dann wollen wir uns mal wiedersprechen."

Wir sehen: Mit einer bloß intellektuellen Spielerei werden wir dem Ernst unseres Themas wahrhaftig nicht gerecht. Das mögen sich alle diejenigen sagen lassen, die bei uns hier im Westen mit der „indischen Geistigkeit" flirten. Die Buddhisten, Hinduisten und Mohammedaner lassen es sich nämlich wahrhaftig etwas kosten. Ihr religiöser Ernst sollte uns alle zutiefst beschämen. Darum sind wir ihnen und uns auch eine wirklich fundierte Antwort schuldig. Wir wollen die Antwort in Leitsätzen geben:

1. Leitsatz:

Hinter Jesus Christus stehen erfüllte Prophezeiungen, hinter den Religionsstiftern steht keine einzige.

Diese Tatsache ist von entscheidender Wichtigkeit. In dieser Tatsache besteht ein schwerwiegender Unterschied zwischen den Religionsstiftern und Jesus Christus.

Bitte bedenken wir: Schon rund 700 Jahre vor Christi Geburt wurde sein Geburtsort prophezeit. Beim Propheten Micha lesen wir im 5. Kapitel: „Und du Bethlehem Ephratha, die du klein bist unter den Städten in Juda, aus dir soll mir der kommen, der in Israel Herr sei, welches Ausgang von Ewigkeit her gewesen ist." Ich möchte nicht unerwähnt lassen, daß im letzten Satzteil die sogenannte Präexistenz Jesu bezeugt wird. Das heißt: Jesus Christus existierte schon in der Ewigkeit, bevor er seinen Fuß auf unsere Erde setzte. Bei Jesaja lesen wir im 7. Kapitel: „Siehe, eine Jungfrau ist schwanger und wird einen Sohn gebären, den wird sie heißen Immanuel." Wie wir alle wissen, haben sich diese Prophezeiungen in jener hochheiligen Nacht erfüllt. Sein Einzug in Jerusalem ist uns prophezeit: „Siehe, dein König kommt zu dir, ein Gerechter und ein Helfer, arm, und reitet auf einem Esel." Seine Passion ist uns vorausgesagt: „Fürwahr, er trug unsere Krankheit und lud auf sich unsere Schmerzen ... er ist um unserer Sünde willen zerschlagen ... durch seine Wunden sind wir geheilt."

Selbst Einzelheiten wurden vorausgesagt. Zum Beispiel, daß man Jesus am Kreuze nicht die Beine brechen und daß man sein Gewand nicht zerteilen, sondern das Los darüber werfen würde. Oder: „Sie werden mich ansehen, den sie durchbohrt haben" (Sach. 12, 10). All dies erfüllt sich ausgerechnet im Leben Jesu Christi. „Der Kriegsknechte einer öffnete seine Seite mit einem Speer" (Joh. 19, 34) usw.

Jetzt müssen wir uns die enscheidend wichtige Frage stellen: I s t d i e s a l l e s r e i n e r Z u f a l l? Ist es Zufall, daß ausgerechnet Jesus in Bethlehem geboren wird? Ist es reiner Zufall, daß ausgerechnet dieser Jesus, der in Bethlehem geboren wurde, gekreuzigt wird, Zufall, daß ausgerechnet ihm die Beine nicht gebrochen werden, ausgerechnet über sein Gewand das Los geworfen wird, ist das alles reiner Zufall? Das werden wir schwerlich behaupten können. Mithin müssen wir feststellen und zugeben: I m L e b e n J e s u g i b t e s a l s o P r o p h e z e i u n g u n d E r f ü l l u n g. Jesus selbst bezeugt uns dies: „Es muß alles erfüllt werden, was von mir geschrieben ist ..." (Luk. 24, 44).

Bringen wir dazu eine Parallele im Hinblick auf die Religionsstifter. Es gibt keine. Nicht eine einzige Prophezeiung steht

hinter Buddha, Mohammed, vom Hinduismus ganz zu schweigen; denn er hat keinen Religionsstifter. Sollte uns das nicht
zu denken geben?

Es drängt sich also der Satz auf: Jesus Christus ist singulär, das heißt einmalig.

Wie erklärt sich diese völlige Singularität Jesu? Darauf gibt
uns der zweite Leitsatz Antwort.

2. Leitsatz:

> **Die Religionsstifter sind nur Menschen; Jesus Chri-
> stus aber ist wahrer Mensch und wahrer Gott.
> Zwischen Buddha, Mohammed und Christus be-
> steht der Unterschied der Gottessohnschaft.**

Jesus Christus sagt: „Wer mich sieht, der sieht den Vater."
Das heißt also: Der sieht Gott. Niemals hat ein Buddha, ein
Mohammed oder ein religiöser Heiliger des Hinduismus dies
zu sagen gewagt.

Jesus Christus sagt: „Ehe Abraham war bin ich." Mit diesen
Worten nimmt Jesus Christus Bezug auf seine bereits im
Alten Testament bezeugte Präexistenz. Auch solch einen
kühnen Satz wagt kein Buddha und kein Mohammed zu
sagen, vom Hinduismus wieder ganz abgesehen. Jesus Christus sagt: „Ich bin die Auferstehung und das Leben. Wer an
mich glaubt, der wird leben, ob er gleich stürbe." In völliger
Einzigartigkeit wagt Jesus das Wort zu sagen: „Mir ist gegeben alle Gewalt im Himmel und auf Erden ... Siehe, ich
bin bei euch alle Tage bis an der Welt Ende ... Himmel und
Erde werden vergehen, aber meine Worte werden nicht vergehen." Solch königliche Hoheitsaussagen suchen wir bei
allen Religionsstiftern völlig vergeblich. Singulär ist der
Anspruch Jesu, die einzige und ewig gültige
Offenbarung Gottes zu sein.

Nun müssen wir uns eine wichtige Folgerung zu
eigen machen. Sie lautet: Seine königlichen Hoheitsaussagen und majestätischen Selbstbezeu-
gungen sind entweder krankhafte, ja, gottes-
lästerliche Anmaßungen oder sie sind zutreffend.
Eine dritte Möglichkeit gibt es nicht. Auch auf
Grund erfüllter Prophezeiung, die seinen Le-

bensweg begleitet, ist Jesus Christus glaubhaft und verdient darum unser volles Vertrauen. So gilt in Europa, in Indien, in China, wie im entferntesten Winkel des Erdenrundes, was Gottes Wort über Jesus Christus bezeugt: „Es ist in keinem anderen Heil, ist auch kein anderer Name unter dem Himmel gegeben, darin wir sollen selig werden" (Apg. 4, 12). In diesem Ausschließlichkeitswort liegt ein unüberbrückbarer Qualitätsunterschied und nicht nur ein gradueller Unterschied zwischen Jesus Christus und allen Religionsstiftern, einschließlich des Hinduismus.

Leitete uns der erste Leitsatz zum zweiten, so jetzt der zweite zum dritten Leitsatz.

3. Leitsatz:

> **Der Unterschied zwischen Buddha, Mohammed und Christus ist nicht nur der Unterschied in bezug auf die Person, sondern auch der Unterschied in bezug auf das Leben. Es ist der Unterschied der Sündlosigkeit.**

Alle Religionsstifter waren nur Menschen. Darum lastet über ihrem Leben der Schatten der Sünde.

Buddha, um 560 v. Chr. im heutigen Nepal in der Nähe Indiens geboren, war ein Fürstensohn, also ein Prinz. Er wuchs in großer Pracht und Wohlhabenheit auf. Ein Text läßt ihn sagen: „Ich war verwöhnt, sehr verwöhnt. Ich salbte mich mit Benares-Sandel ... Bei Tag und Nacht wurde ein weißer Sonnenschirm über mich gehalten. Ich hatte einen Palast für den Winter, einen für den Sommer und einen für die Regenzeit." Buddha heiratete bereits mit 19 Jahren. Aber außerdem hatte er noch einen Harem und die schönsten Tänzerinnen. Er führte ein üppiges und ausschweifendes Leben.

Dann aber mit 29 Jahren ging ihm auf, wie hohl doch sein genießerisches, üppiges, ja, sein sündiges Leben war. Ohne sich von seiner Frau und seinem Sohn zu verabschieden, verließ er sie, seinen Harem und die Tänzerinnen. Er suchte den Weg der Läuterung durch schmerzhaftes Kasteien und strenges Fasten. Im siebten Jahr seiner Askese und Anstrengung wurde ihm in einer Nacht, als er unter einem Feigenbaum saß, die Erleuchtung zuteil. Von da an war er der Buddha. Der Name Buddha ist ein Titel und heißt: Der Erleuchtete. Buddhas richtiger Name ist Gautama.

Erhebliche Sünde gab es auch im Leben Mohammeds, dieses Sohnes der arabischen Wüste, Sohn einfacher und ärmlicher Eltern. Sein Leben, auch die Zeit, da er als Begründer des Islam tätig war, ist von schweren sexuellen Verfehlungen belastet. Selbst seine Anhänger haben ihm deswegen ernsthafte Vorwürfe gemacht.

Völlig anders ist es bei Jesus Christus. Bei ihm gibt es überhaupt gar kein Ringen um Läuterung wie bei Buddha. Jesus Christus blieb rein von jeder Beschmutzung durch die Sünde. Selbst seine Feinde, die Schriftgelehrten und Pharisäer, fordert er heraus und fragt sie: „Wer kann mich einer Sünde zeihen?" Keiner konnte es, obwohl sie sein Leben fortwährend bespitzelten und argwöhnisch beobachteten. Sie mußten trotzdem verstummen.

Machen wir uns klar: Keine Lüge, keine Lieblosigkeit, nicht eine Ungerechtigkeit, kein böses Wort, kein Neid, keine Unreinheit gab es in seinem Leben. Und doch begegnete ihm dies auf Schritt und Tritt in seinem Umgang mit den Menschen. Trotzdem liebte er sie.

Es kommt nicht von ungefähr, daß wegen der Einzigartigkeit Jesu sich auch folgender Wesensunterschied zwischen Jesus Christus einerseits und Buddha, Mohammed und Hinduismus andererseits ergibt:

4. Leitsatz:

> **Der Unterschied zwischen Buddha, Mohammed, Hinduismus und Jesus Christus ist der Unterschied zwischen Religion und Evangelium.**

Was heißt das?

Wir alle begegnen dem Leid, der Krankheit, dem Tod. Wir begegnen dem Unrecht, der Gewalt, der Tyrannei. Wie sollen wir mit all diesen schweren, ja, zum Teil letzten Fragen fertigwerden? Gibt es einen Gott, gibt es ein Leben nach dem Tode? Was wird aus meiner Schuld?

Diese Fragen türmen sich wie eine hohe Mauer, wie eine dichte Nebelwand vor uns Menschen auf. Gott ist hinter der

Mauer, hinter der Nebelwand. Gott ist verborgen. Aber der Mensch kommt von Gott nicht los.

Wo nun der Mensch in die Nebelwand hineindringt und eine Antwort auf diese Fragen versucht, haben wir es mit der Religion zu tun. Religion ist also der Versuch, vom Menschen aus letzte Antworten zu geben; sie ist der Versuch, die Nebelwand zu durchstoßen. Aber alle Religionen sind in diesem dichten Nebel steckengeblieben. Darum vermag keine Religion mit letzter Gewißheit zu reden.

Im radikalen Wesensunterschied dazu das Evangelium.

Religionen enthalten spekulative Ansichten und Lehren. Evangelium aber ist keine Lehre, sondern ein Mann: Jesus Christus. Jesus Christus ist selbst das Evangelium, wie Jesus Christus auch gleichzeitig das Evangelium verkündigt. Da Jesus aber singulär, einzigartig ist, da er der in Ewigkeit existierende Sohn Gottes ist, dürfen wir frohen Herzens wissen und bezeugen: Evangelium ist die Antwort Gottes auf alle Religionen. Das Evangelium ist die Erfüllung und darum das Ende aller Religionen. Das Evangelium ist die Offenbarung, die Selbstmitteilung Gottes.

Religion ist der Weg von unten nach oben. Evangelium ist der Weg von oben nach unten. Religion ist der Weg vom Menschen zu Gott. Evangelium ist der Weg von Gott zum Menschen. Jesus Christus ist der Durchbrecher der Nebelwand von oben nach unten. Weil die Religionsstifter bloße Menschen sind, sich auch als solche verstehen, kommt es nicht von ungefähr, daß Buddha am Ende seines Lebens bekennt: „Ich suche noch immer die Wahrheit." Jesus aber hat gesagt: „Ich bin die Wahrheit." Von daher können wir verstehen, daß unsere Väter gesungen haben:

> Jesus ist kommen, Grund ewiger Freude;
> A und O, Anfang und Ende steht da.
> Gottheit und Menschheit vereinen sich beide;
> Schöpfer, wie kommst du uns Menschen so nah!
> Himmel und Erde erzählet's den Heiden:
> Jesu ist kommen, Grund ewiger Freuden.

Das ist Evangelium!

Nun müssen wir folgern:

> weil Jesus Christus nach eigener Aussage Gottes Sohn ist,
> weil dieser Hoheitsanspruch durch die Erfüllung alttesta-
> mentlicher Prophezeiungen bestätigt wird,
> weil die Religionsstifter sich selbst aber nur als Men-
> schen verstehen,

liegt es auf der Hand, daß sich dies in der Lehre der verschiedenen Religionen im Unterschied zu Jesus Christus aus-
wirkt. Sagen wir es lapidar im

5. Leitsatz:

> **Die Botschaft Jesu ist den Lehren Buddhas und
> Mohammeds, wie auch der Lehre des Hinduismus
> weit überlegen.**

I. In bezug auf die Gotteserkenntnis

a) bei Mohammed

Der fundamentale Unterschied zwischen Jesus und Mohammed besteht in der Lehre über Gott.

Zwar lehrt Mohammed im Unterschied zu den asiatischen Religionen mit ihren Millionen Göttern, daß es nur e i n e n Gott
gibt. In diesem Monotheismus (Eingottglaube) stimmt er mit
Jesus Christus überein. Aber trotzdem: Welch ein Unterschied
zwischen beiden! Im Islam wird folgendes Wort Mohammeds
angeführt: Bei der Schöpfung nahm Gott einen Erdenkloß,
teilte ihn in zwei Teile, warf den einen in die Hölle und
sprach: „Diesen ins ewige Feuer, was kümmert's mich?" Er
warf den anderen in den Himmel und sprach: „Diesen ins
Paradies, was kümmert's mich?" Der Gott Mohammeds ist
der G o t t d e r W i l l k ü r , ja, ein D e s p o t e n - G o t t . Der
Gott Mohammeds heißt Allah. A l l a h l ä ß t d e m M e n -
s c h e n k e i n e F r e i h e i t . Ja, er kann ihm keine lassen, weil
ja sonst die Freiheit des Menschen die göttliche Freiheit und
Allmacht einengen würde. Das aber darf nicht sein. So bleibt
es nicht aus, daß mit Mohammeds Gotteslehre sich die Lehre
von der P r ä d e s t i n a t i o n (Vorherbestimmung) verbindet.
Zwar gab es im Verlauf der Geschichte des Islams eine Richtung, die diese Lehre ausscheiden wollte. Aber die harte und

kalte Lehre Mohammeds hat sich durchgesetzt: Die Lehre von der doppelten Vorherbestimmung des Menschen zur Seligkeit oder zur Verdammnis. Somit wird Allah zum willkürlich handelnden Gott.

Allah wirkt alles im Leben des Menschen: Reichtum und Armut, Freude und Leid, aber auch die Sünde. Im Koran, dem heiligen Buch des Islams, das Mohammed nach seiner Angabe vom Erzengel Gabriel diktiert bekam, heißt es in der Sure (Kapitel) 4, 90: „Wollt ihr recht leiten, wen Allah irregeführt hat? Nimmer findest du für ihn einen Weg." Allah ist es also, der irreführt. Hier wird die Macht Allahs zur Willkür gesteigert. In der islamischen „Theologie" lesen wir: „Allah kann die Welt vernichten und neu schaffen, wenn er will. Er kann Tote auferwecken, Steine sprechen lassen, Bäume gehen lassen, Himmel und Erde vernichten und wieder schaffen."

Da könnten wir nur sagen: Gewiß kann Gott das. Aber wehe uns armen Menschlein, wenn diese Kennzeichnung Gottes nicht durch die Kennzeichnung der Liebe ergänzt wird. Gerade diese Kennzeichnung fehlt bei Mohammed und im gesamten Islam. Es kommt nicht von ungefähr, daß es im Islam die Worte „Vater" und „Liebe" in bezug auf Allah nicht gibt. Wohl gibt es das Wort „Erbarmer, Allerbarmer". Aber dies ist nicht Ausdruck der väterlichen Liebe Allahs; denn die gibt es nicht, sondern dies Wort bezeugt den Wunsch nach Erbarmen Allahs. Er kann Erbarmen erweisen; er kann es auch nicht tun. Wie wenig Allah als ein echter wesensmäßiger Erbarmer zu verstehen ist, erhellt aus dem Koran, Sure 19, 94. Dort heißt es: „Keiner in den Himmeln und keiner auf Erden darf sich dem Erbarmer anders nahen denn als Sklave." Wirklich, die Botschaft der Liebe ist Mohammed unbekannt. Allah erinnert an einen despotischen römischen Tyrannen. In seiner Souveränität kann er den Daumen nach unten als Zeichen des Todes oder nach oben als Zeichen des Lebens strecken. Mit echtem herzensmäßigem Erbarmen hat das nichts zu tun. Sein „Erbarmen" ist Ausfluß seiner Macht, aber nicht seiner Liebe. Dies gilt erst recht für Allah. Es sollte uns allen zu denken geben, daß das Wort Islam zu deutsch Unterwerfung heißt. Dies ist geradezu für den gesamten Mohammedanismus kennzeichnend. Wie ganz anders Jesus und sein Evangelium!

Man wird sagen müssen: Mohammeds Lehre von Gott krankt daran, daß er Allahs Einzigkeit, Allmacht und Einheit übersteigt und überspitzt. So entstehen Willkür, Menschenferne und Herzenskälte in bezug auf Gott und Unfreiheit in bezug auf den Menschen.

Von dieser schier bis zur Weißglut gesteigerten Alleinwirksamkeit Allahs erklärt sich der berühmte und berüchtigte Fatalismus im gesamten Islam. Als ich eine Reise durch Ägypten machte, sagte der ägyptische Reisebegleiter zu mir: „Verwundern Sie sich nicht, daß Ihnen die Leute nicht danken, wenn Sie ihnen etwas geben. Dafür danken sie Allah; denn Allah hat alles bestimmt."

Es kann nicht ausbleiben, daß Mohammed die Gottessohnschaft Jesu entschieden bekämpft. Für ihn ist die Gottessohnschaft Jesu mit dem Monotheismus unvereinbar. Weil Mohammed – man muß schon sagen – in seinem primitiven Denken sich die Gottessohnschaft nicht geistig, sondern grobsinnlich vorstellte, dachte er bei der Gottessohnschaft Jesu an einen physischen Zeugungsvorgang im menschlichen Sinne. Nur so kommt es, daß uns die Moslems vorwerfen, wir hätten mit unserer Dreieinigkeit drei Götter, statt einen. Durch Mohammed angeleitet, erkennen sie nicht die Tiefe der Weisheit, der Liebe, ja auch der Allmacht Gottes, sich in Jesus Christus zu uns Menschen herablassen zu können und durch seinen Heiligen Geist gegenwärtig und an unserem Herzen und Gewissen wirksam zu sein. Nur durch Jesus Christus wissen wir ja erst vollends, wer Gott überhaupt ist. Denn in Jesus Christus brach Gott das Schweigen der Ewigkeit.

Weil Mohammed dies nicht erkennt, ist seine übersteigerte monotheistische Gottesvorstellung Rückfall in die Zeit vor Jesus Christus, obwohl er rund 600 Jahre nach Christus auftrat und wirkte.

Und wie steht es mit

b) Buddhas Gottesbegriff?

Es gibt Leute die meinen, Buddha sei Atheist. Aber das stimmt nicht. Richtig ist zwar, daß Buddha der Gottesfrage nicht sonderlich nachgegangen ist. Ihn interessierte nur die

Verhältnisbestimmung von Leben und Leiden, aber nicht die von Gott und Mensch. Buddha pflegte zu sagen: „Seht, das hat Buddha gelehrt: die Wahrheit über das Leid und über die Befreiung vom Leide. Deshalb bleibt das, was von mir nicht geoffenbart wurde, ungeoffenbart." Zu diesem „ungeoffenbart" gehört auch der Fragenkreis um Gott. Darum darf man mit Fug und Recht sagen: Buddha war vorwiegend ein Ethiker, aber nicht vorwiegend ein Dogmatiker. Er war also einer, der vorwiegend lehrte: Was muß ich tun, aber nicht einer, der vorwiegend lehrte: Was muß ich glauben.

Dennoch hat auch er und besonders der spätere Buddhismus „Glaubensaussagen" gemacht. So spricht Buddha z. B. von „ewigen Gesetzen" als höchster Instanz. Ferner hat er die Lehre vom „Karman", das ist die Lehre von Schuld und Vergeltung. Die Lehre vom „Karman" und „ewigen Gesetz" sind miteinander verkoppelt, denn das ewige Gesetz registriert die guten und bösen Taten des Menschen bzw. seine guten und bösen Absichten. Je nach Kontostand des Menschen wird das Karman, wird die Vergeltung sein. Über dieses „ewige Gesetz" als höchster Instanz läßt sich Buddha aber nicht weiter aus. Darum ist Buddhas Gotteslehre unterentwickelt.

c) Gotteslehre im Hinduismus

Der Hinduismus hat keinen Begründer. Wohl hat auch er Bücher. Eines ist ein Epos und heißt die Bhagavad-Gita = der „Gesang des Erhabenen". Diese Bhagavad-Gita ist das meistbenutzte Erbauungsbuch der Inder. Aber daneben gibt es auch noch andere vielbenutzte.

Im Hinduismus ist für alles Platz. Er kennt keine festen Satzungen. Er hat keine eigentlichen Dogmen (Glaubenssätze). Er umfaßt lehrmäßig alles. „In Indien ist alles Religion", sagt ein Inder. Dieser Satz ist kennzeichnend und stammt von einem Brahmanen, d. h. einem Angehörigen der vornehmen und bevorzugten Kaste.

Zwar ist in Indien alles Religion. Aber die Religion des Hinduismus ist gleichzeitig wie ein buntes Mosaik. Der Hinduismus ist religiöser Synkretismus, d. h. ein Religionsmischmasch. Er ist eine Vereinigung der Gegensätze. „Jedem das Seine", gilt hier auf religiösem Gebiet. Der hinduistische Heilige Ramakrishna (1834–1886) sagt: „Meine Stärke ist die Vielseitigkeit." Die historisch gewordenen Religionen vergleicht er einmal mit einer Badetreppe an den heiligen Flüssen Indiens. Es sei Unsinn, darüber zu diskutieren, welche Treppenstufe nun die bessere sei. Jede einzelne bringe den Pilger ein Stufe weiter zum Ziel.

So kommt es, daß sie alle im hinduistischen Religionsgemisch Platz haben:

die Theisten, die wohl an einen persönlichen außerweltlichen Gott glauben, aber nicht an die Offenbarung Gottes in Christus,

die Deisten, die aus Vernunftgründen auch an einen Gott glauben, der einmal die Welt schuf, aber nun fern ist und nicht mehr in die Welt einwirkt, so wie ein Uhrmacher, der wohl einmal die Uhr herstellte und sie aufzog, die aber nun von selbst abläuft,

die Monotheisten, die an einen Gott glauben,

die Polytheisten, die an viele Götter glauben, ja selbst die Atheisten, die die Existenz eines persönlichen Gottes leugnen.

Sie alle haben Platz im Hinduismus.

Auch für Jesus Christus und sein „Christentum" ist Platz. Aber der volle Wahrheitsanspruch Jesu wird abgelehnt. Jesus Christus ist nur einer unter anderen. So kommt es, daß man in Indiens Lokalen an der Wand schiedlich friedlich Bilder nebeneinander hängen sieht: der Gott Krishna, Buddha, Jesus und Gandhi.

Im Hinduismus herrscht nicht die klare Luft des Entweder-Oder, sondern das vernebelnde Und, nicht „Christus allein", sondern „Christus auch". Gandhi findet anerkennende, ja, hehre Worte für Jesus Christus. Trotzdem wolle er ihn aber nicht auf einen einsamen Thron setzen, sagt Gandhi.

Hinter allem steht natürlich die eine entscheidende Frage: Wer ist Gott? Was lehrt der Hinduismus über Gott?

Diese Frage hat sich durch das Vorige zum Teil bereits beantwortet.

Ich betone: Zum Teil. Denn obwohl der Hinduismus einerseits für jede religiöse Überzeugung Platz hat, haben sich doch bestimmte Vorstellungen besonders herausgeprägt.

Jetzt müssen wir auf die sogenannten „Veden" verweisen. Die Veden sind vier Liedersammlungen. Die älteste Sammlung reicht bis etwa 1250 v. Chr. zurück.

Die Veden und die darin enthaltenen sogenannten Upanischaden haben wesentlich das religiöse Denken der Inder geprägt. Die Upanischaden sind Geheimlehren.

In diesen Liedersammlungen bilden zwei Begriffe eine Hauptrolle:

das Brahman und
der Atman.

(Um Verwechslungen zu vermeiden, muß ich in Klammern hinzufügen: Man muß unterscheiden zwischen Brahman, Brahma und Brahmane. Brahman heißt das Göttliche, Brahma heißt einer unter den vielen Göttern, ein Brahmane ist ein Priester, ein Weiser, ein Gelehrter.)

Das Brahman ist das Weltall, zugleich das Absolute, das Göttliche. Der Atman ist der Geist. Das Brahman ist dann zugleich der Atman, wenn das Brahman im Menschen gegenwärtig ist. Ein Vergleich hilft uns weiter: Wenn wir den Zucker im Kaffee auflösen, dann verschwindet der Zucker und ist doch gegenwärtig. So auch das Brahman, das Göttliche im Menschen.

In den Veden verdeutlicht ein Weiser den Gedanken vom Brahman und Atman wie folgt:

„Hole mir von dem Feigenbaum dort eine Frucht." – „Hier ist sie, Ehrwürdiger." – „Spalte sie auf." – „Sie ist gespalten, Ehrwürdiger." – „Was siehst du darin?" – „Ganz winzig kleine Kerne, Ehrwürdiger." – „Spalte einen von diesen." – „Er ist gespalten, Ehrwürdiger." – „Und was siehst du darin?" – „Nichts, Ehrwürdiger." Da sprach der Vater zu seinem Sohn: „Die ganz feine Substanz, die du nicht mehr siehst, mein Lieber, aus dieser ist dieser große Feigenbaum entstanden. Glaube mir, mein Lieber: Dieses Feine ist es, woraus diese ganze Welt besteht. Das ist das Wahre, die wahre Wirklichkeit. Das ist der Atman (der Geist). D a s b i s t d u = T a t t v a m a s i."

Diese drei Wörtchen sind berühmt geworden: das bist du.

Hier möchte ich nun zwei Fremdwörter einführen, die wesentlich helfen, uns im Religionsgebäude des Hinduismus zurechtzufinden.

Der Hinduismus ist bei allem religiösen Stimmengewirr dennoch durch diese zwei besonders stark vernehmbaren Stimmen gekennzeichnet:

Pantheismus und
Identitätsmystik bzw. – -philosophie.

Pantheismus besagt: Das ganze All (= Pan) ist göttlich. Gott existiert nicht als Person und Wille, sondern das Göttliche lebt und webt in allem. Gott und Welt sind ein und dasselbe. Das Göttliche begegnet uns im Rauschen der Bäume, im Murmeln des Wassers, im Lächeln des Kindes, im Stillen der Mutter, in der Überschwemmungskatastrophe, in der erbarmungslosen Dürre. Gott und Welt sind ein und dasselbe. In Indien herrscht nicht ein reiner Pantheismus. Aber der Hinduismus nähert sich ihm stark.

Identitätsmystik besagt: Die innerste Kraft der Welt ist mit dem innersten Kern in mir identisch. Einen Wesensunterschied zwischen dem Göttlichen und mir gibt es nicht. Ich, der Mensch, bin selbst das Göttliche. Ich bin mit dem Göttlichen wesenseins. Das besagt die Identitäts-, die Gleichheitsmystik bzw. -philosophie.

Atman und Brahman stehen in Wechselbeziehung. Der Atman ist das Göttliche im Menschen, ist die Gegenwart des Brahman im Menschen. „Ich bin Brahman", heißt es im Hinduismus Indiens.

Brahman ist das große alles durchwirkende Es. Brahman ist die Voraussetzung aller Götter, aller Menschen, aller Kreaturen. Das Brahman kann unendlich viele Gestalten annehmen. Weil es dies tut, haben wir im Hinduismus rund 330 Millionen Gottheiten. Aber alle Götter sind Mittler zu Brahman.

Siva ist der größte unter den Göttern. Er ist der Gott der Zerstörung. Im rhythmischen Zyklus zerstört er das Weltall, aber er baut es auch wieder auf. Er kann alles. Er hat viele Frauen. Eine ist die schreckliche Kali. In der indischen Volksfrömmigkeit wird besonders er besungen. In einem Lied, das etwa 650 v. Chr. entstand, lauten die Anfangszeilen:

„Wenn Unglück, Elend und viel Krankheit mich ver-
folgen, dann will ich mich aufmachen, deinen Fuß zu
preisen, o du, von dem die Veden künden..."

Der Gott Siva wird als Tanzkönig dargestellt. Weit von Hei-
ligkeit entfernt, tanzt er betrunken einen orgiastischen (zügel-
losen) Tanz.

Neben diesem größten Gott gibt es viele Untergötter. Außerdem werden 33 Oberherren verehrt. Jeder von diesen 33 hat
10 Millionen Götter unter sich. So kommt es zu der bereits
erwähnten Zahl von 330 Mill. Göttern. Ein wahrer G ö t t e r -
u r w a l d.

Ein Brahmane, also ein Angehöriger der indischen Priesterkaste, der die alten heiligen Bücher kennt, führte einen Europäer durch einen der indischen Tempel, die voller Götter
wimmelten. Angesichts dieses indischen Götterhimmels sagte
der Brahmane zu seinem Gast: „Sie sehen, daß alle diese
Götter nebeneinander Platz haben und beieinander in einem
Tempel wohnen können. Jeder von uns kann zu dem Gott
beten, dessen Eigenschaften seinem eigenen Wesen am nächsten kommen. Unsere Götter bilden gewissermaßen die
Grundcharaktere des Menschengeschlechts ab in der Form
übernatürlicher Personen." D. h. also nüchtern und real aus-
gedrückt: die Götter unterscheiden sich von den Menschen
lediglich durch einen überdimensionalen Bizeps etc. Sie sind
der verlängerte Arm unseres eigenen Menschseins.

Dieser Götterkult nimmt nach unseren westlichen Vorstellungen sehr primitive Formen an. Zum Beispiel: In den Tempeln,
wie in den Häusern, werden die Götterbilder mit Wasser be-
sprengt und mit Farbe angemalt. Den Göttern werden dabei
heilige Sprüche vorgetragen, Opfergaben dargereicht, ja, den
Götzen werden selbst die Zähne geputzt, sie werden zur
Nachtruhe gebracht und morgens mit einer Glocke geweckt.
Einmal sah ich am Fernsehen einen riesengroßen Prozessions-
wagen, wie er von Menschen an dicken Stricken durch die
Straßen eines indischen Ortes gezogen wurde. Dies geschieht
einmal im Jahr. Dann werden die Götzen unter großem Ge-
pränge und viel Lärm z. B. zu einem Teich und Badefest ge-
fahren. Werden die Götter dabei ins Wasser hineingetaucht,
so bekommt das Wasser eine sündentilgende Kraft.

Gewiß, dies alles empfinden wir als primitiv. Vielleicht ist es auch primitiv. Dennoch müssen wir uns hüten, die Götzenverehrung mit einem plumpen Fetischismus (einer Verehrung eines magischen Gegenstandes) gleichzusetzen. Ganz sicher geschieht diese grobe Verdinglichung bei nicht wenigen Indern. Aber so materialisiert möchte sich der Hinduismus nicht verstanden wissen. Darum müssen wir hören, was der Brahmane zu unserem Europäer auch noch gesagt hat: „Wir rufen zwar die Namen der Götter an. Aber unser Gebet steigt über die Götter hinaus zu einem höchsten Wesen, das der einzige Gott ist, von dem wir ihnen hier kein Bild zeigen können, weil man keines von ihm machen kann."

Wer ist Gott?

In diesem Zusammenhang müssen wir auch Bezug nehmen auf die Tiere, Bäume etc. Der Gedanke ist dieser:

Auch Tiere, Bäume, Berge Gewässer sind im Hinduismus zum Teil Offenbarungen des Göttlichen und gelten zum Teil als heilig. So z. B. unter den Bäumen der Feigenbaum und unter den Strömen der Ganges. Wer sich in seinen Wassern badet, reinigt sich von Sünden, erwirbt sich großes Verdienst, ja, er verschafft sich das Heil.

Unter den Tieren sind besonders die Kühe, Affen und Nashörner heilig, weil sie Offenbarungen des Göttlichen sind. Sie genießen darum besondere Verehrung. In den Kühen finden Wiedergeburten vieler verstorbener Priester statt. Weil diese Tiere heilig sind, dürfen sie nicht getötet werden. So kommt es, daß es in Indien über 200 Millionen heilige Kühe gibt. Sie sind wirtschaftlich sehr unproduktiv. Sie fressen das Land kahl und tragen mit zur Hungersnot der indischen Bevölkerung bei. Auch unsere Aktion „Brot für die Welt" wird indirekt durch die heiligen Kühe belastet. Das müssen wir klar und nüchtern sehen. Die 200 Millionen heiligen Kühe und die 40 Millionen heiligen Affen bilden eine Landplage. In den Städten bilden die Kühe große Verkehrshindernisse, weil sie frei herumlaufen dürfen. Wenn ihre Majestät Kuh geruht, sich mitten auf einer Verkehrskreuzung bequem niederzulassen, dann wird sie kein Hindu daran hindern, auch wenn lange Autokolonnen und Stauungen dadurch entstehen. Die Kuh ist eben heilig. Zum großen Teil sind die Kühe zwar schlecht genährt, und viele geben keine Milch. Wie kann dies bei 200 Millionen Kühen anders sein! Die fünf Erzeugnisse der Kuh: Milch, Butter, Quark, aber auch ihr Harn und Kot werden bei religiösen Handlungen verwendet.

Wie weit die religiöse Verehrung der heiligen Kühe, Affen und Nashörner im Hinduismus führt, geht aus folgendem hervor:

Kein Geringerer als Gandhi hat gesagt: „Das eigentliche Wesen des Hinduismus besteht in der Beschützung der Kuh." Welch eine uns völlig fremdartige Glaubenseinstellung hat doch ein Hindu, wenn er in seiner Sterbestunde am liebsten einen Kuhschwanz in der Hand halten möchte. Auch Ratten sind heilig. Sie fressen viele Tonnen Getreide und verursachen so Schäden, die hoch in die Millionen gehen.

Im Juni 1966 las ich folgende Zeitungsnotiz, die aus der indischen Stadt Rajkot berichtete: „Königliches Begräbnis für einen Affen. – Mit königlichen Ehren haben mehr als 7000 Inder in der Stadt Rajkot einen Affen bestattet. Der Affe, den Millionen gläubiger Hindus als Verkörperung der Gottheit Hanuman verehrten, war mit einer Stromleitung in Berührung gekommen und gestorben. Als das Tier verbrannt wurde, sang die Trauergemeinde religiöse Lieder, während eine Musikkapelle dazu spielte. Die Bevölkerung der Stadt Rajkot will zu Ehren des Affen einen Tempel errichten."

Es steht uns schlecht zu Gesicht, wenn wir uns darüber lustig machen wollten. Schließlich steht hinter all diesem die eine bohrende Frage: Wer ist Gott? Bei Mohammed ein gnadenloser Willkürgott, bei Buddha ein vages unbekanntes „ewiges Gesetz", im Hinduismus etwas Nebulöses, ein Es, das Göttliche.

Wie ganz anders

d) *die Gotteserkenntnis bei Jesus Christus.*

Die Religionen haben nur eine Gottesahnung und -vermutung. Jesus Christus hat echte Gotteserkenntnis. Weil er mehr ist als nur ein Mensch, konnte er und nur er allein den dichten Schleier lüften, der sich über das große Geheimnis, das da Gott heißt, ausbreitet.

Durch Jesus Christus und nur allein durch ihn wissen wir, daß dieses „ewige Gesetz", dieses unpersönliche Es kein Willkürgott, keine Herzlosigkeit, keine kalte Erhabenheit, aber auch keine Offenbarung in heiligen Kühen, Affen und Nashörnern ist, sondern Person, Wille, Lenker, Allmächtiger und doch zugleich der gütige Vater, ja, die Liebe selbst ist. „Gott ist Liebe", wissen wir aus der Bibel, dem Offenbarungszeugnis Gottes. Gerade diese Liebe trieb den Vater, seinen Sohn zu senden,

1. Um sich vollends in ihm zu offenbaren und

2. uns durch sein Ganzopfer am Kreuz auf Golgatha zu erlösen.

Andererseits wissen wir aber durch Jesus, daß die Liebe Gottes nicht mit Schlappheit verwechselt werden darf. Auch das wird durch das Kreuz von Golgatha deutlich. Denn durch das stellvertretende Opfer Jesu leistet er der Gerechtigkeit Gottes Genüge.

Die Frage nach Gott haben wir trotz der gebotenen Kürze etwas ausführlicher behandelt, weil sie ja die Hauptfrage vor allen anderen ist.

Es leuchtet ein, daß die Frage nach Gott verbindlich nur von jemandem beantwortet werden kann, der zwar Mensch ist, um mit uns in menschlicher Sprache reden zu können, der aber gleichzeitig mehr als bloß ein Mensch ist. Er muß Mensch und Gott zugleich sein.

Genau das ist Jesus Christus.

Es leuchtet auch das folgende ein:

Kann uns jemand verbindlich sagen, wer Gott ist, so ist derjenige dann mit seinen anderen Antworten notwendigerweise ebenfalls zuständig. Auch das trifft wieder für den Gottessohn Jesus Christus zu. Mehr noch: Er ist nicht nur zuständig, sondern seine Antworten sind auf Grund ihrer Offenbarungsqualität richtig und den Antworten bloßer Menschen überlegen. So dürfen wir jetzt den 5. Leitsatz wieder aufgreifen und sagen:

Die Botschaft Jesu ist den Lehren Mohammeds und Buddhas bzw. des Hinduismus weit überlegen.

II. In bezug auf den Menschen

a) *Verrat an Jesus Christus*

Wenn ich schreibe und spreche, bemühe ich mich immer, dies mit innerer Beteiligung und doch in großer Sachlichkeit zu tun.

Das gilt auch für diesen Abschnitt.

Wir müssen an unsere eigene Brust schlagen. Wie oft bereiten wir – wie oft bereite ich – dem Herrn Jesus Christus im praktischen Vollzug des Christseins viel Kummer. Wie manchen haben wir – habe ich – durch klägliches Versagen Anstoß gegeben.

Das gilt nun auch in bezug auf die soziale Frage. Wie oft verleugnen wir die Tatsache, daß die soziale Frage eine „religiöse" Frage ist. Damit verleugnen wir letztlich die Personenwürde und Gottesebenbildlichkeit des Menschen. Das geht zu unseren Lasten, aber nicht zu Lasten Jesu Christi.

Dieses traurige Vergessen und Verleugnen gilt nun nicht nur für weite Kreise der evangelischen Kirche im deutschen Raum, sondern auch für andere christliche Bekenntnisse über Deutschland hinaus, besonders gilt dies für England. Aber kehren wir lieber vor unserer eigenen Tür.

Was wir als evangelische Kirche besonders im 19. Jahrhundert in sozialer Hinsicht gesündigt haben, wird für alle Zeiten gen Himmel schreien. Statt wie ein Mann aufzustehen und gegen die soziale Entrechtung der Arbeitermassen Sturm zu laufen, lagen weiteste Kreise der Kirche Arm in Arm mit den Besitzenden. Als so um die Jahrhundertwende der später bekannte Evangelist, Pastor Samuel Keller, in Düsseldorf sich dafür einsetzte, daß Arbeiter im Verlauf des langen Jahres doch auch mal Ferien bekommen müßten, da liefen die offiziellen Stellen in Staat und Wirtschaft gegen ihn Sturm. Das Thron- und Altar-Bündnis ist eine traurig bekannte Tatsache. Unter ihm grassierten besonders zur Zeit des Hochkapitalismus Verhältnisse, die mit Recht das Wort „Ausbeutung" verdienen. Kinderarbeit, Hungerlöhne, Hinterhofelend, Barackenwohnungen, Existenzminimum sind Tatsachen, die von niemandem bestritten werden können, der sich bemüht, auch nur etwas sachlich zu sein.

Wenn ich an all das denke, dann ergrimmt noch heute mein Zorn angesichts des Versagens unserer offiziellen evangelischen Kirche. Aber ich werde darum nicht das Christsein ablehnen. Die Auswanderung aus den Gotteshäusern und die Abwendung vom christlichen Glauben war der verhängnisvolle Kurzschluß weiter Arbeitermassen jener Zeit. Zu allem eigenen schuldhaften Versagen weiter „christlicher" Kreise kam als weiteres Verhängnis die Propagierung eines klassenkämpferischen Atheismus. Er fütterte die Arbeiterschaft mit Parolen vom schwarz-weiß-roten Geldsack-Christentum und machte sie blind gegenüber sozialen Bestrebungen christusergebener Männer wie Johann Hinrich Wichern, Adolf Stoecker, Friedrich von Bodelschwingh u. a. Man arbeitete mit ungerechten Pauschalurteilen. Trotzdem möchte ich für die Verbitterung und kirchliche Auswanderung der enttäuschten Arbeitermassen volles Verständnis aufbringen. Gerade um dieses Verstehens willen aber muß um so klarer festgestellt werden: Was damals seitens einer weithin verblendeten, liberalen Kirche geschah, tat sie nicht m i t Jesus Christus, sondern radikal g e g e n ihn.

Jesus Christus weiß um Adel und Würde eines jeden einzelnen Menschen. Schon das Alte Testament sagte: „Du hast ihn (den Menschen) wenig niedriger gemacht denn Gott." Den Adel der Gottesebenbildlichkeit trägt alles, was Menschenantlitz trägt. „Lasset uns Menschen machen, ein Bild, das uns gleich sei", lesen wir bereits auf den ersten Blättern der Bibel. Jesus selbst sagt: „Wahrlich ich sage euch: Was ihr getan habt einem unter diesen meinen geringsten Brüdern, das habt ihr mir getan ... Was ihr nicht getan habt einem unter diesen Geringsten, das habt ihr mir auch nicht getan" (Matth. 25, 40 und 45).

D. h. also: Jesus, der erhabene Gottessohn, identifiziert sich gleichsam mit den Geringsten in einer Gesellschaft. Damit gibt er ihnen den höchsten Wertungsadel. Durch seinen Apostel Paulus läßt er sagen: „Tuet Gutes jedermann." Das Wort jedermann ist von umfassender Universalität. J e s u s k e n n t k e i n e K a s t e n u n d K l a s s e n , k e i n e r a s s i s c h e n u n d g e s e l l s c h a f t l i c h e n S t i e f k i n d e r , w e i l a u s n a h m s - l o s j e d e r M e n s c h a n s e i n e r S t i r n d e n A d e l d e r G o t t e s e b e n b i l d l i c h k e i t t r ä g t .

Solch eine Botschaft über den Menschen ist innerhalb der Religionen allerdings eine Revolution. Darum war die soziale Entrechtung ganzer Menschengruppen in den Ländern, die sich sogar als „christliches Abendland" bezeichneten, ein Faustschlag in das Antlitz Jesu selbst und Verrat seines Evangeliums.

Ganz anders die Lehre über den Menschen beim Hinduismus, bei Mohammed und Buddha.

b) *Kastenwesen im Hinduismus*

Wenn es im Hinduismus 60 Millionen Parias gibt, wenn diese Kastenlosen in der Wertung außerhalb der menschlichen Gesellschaft rangieren, früher die „Unberührbaren" genannt und entsprechend behandelt wurden, dann ist dies kein Verrat am Hinduismus, sondern im Gegenteil ausdrückliche Lehre des Hinduismus. Das bereits erwähnte Epos, die Bhagavad-Gita (kurz die Gita genannt), zeigt einen Weg des Heils für alle Kasten. Auch für die Frauen und die Sudras (die Angehörigen der niedrigsten Kaste, die den höheren Kasten zu dienen haben). Aber die Millionen Parias sind nicht nur gesellschaftlich, sondern auch religiös Ausgestoßene.

Um der Wahrheit willen müssen wir zwar zugeben, daß im heutigen Indien das menschen-entwürdigende Kastenwesen mit seinen vier großen Kasten und seinen etwa 2000 Unterkasten staatlich und offiziell abgeschafft wurde bzw. nicht anerkannt wird. Aber um dieser gleichen Wahrheit willen müssen wir feststellen, daß es noch heute nach wie vor existiert. Die Hauptstadt Neu-Delhi ist weit weg. Darum wird auch heute noch die soziale Struktur Indiens vom Kastenwesen wesentlich geprägt, wenn es auch erfreulich ist, daß es in der Hauptstadt Minister gibt, die kastenlos sind und Brahmanen, die z. B. den Dienst eines Kochs tun. Dies ist etwas, das sich wesentlich als eine Frucht der Begegnung mit der westlichen Welt erklärt. Die Kastenlehre des Hinduismus ist damit aber keineswegs widerrufen.

c) *Stellung der Frau bei Mohammed*

Bei Mohammed und im Islam gibt es diese Kastenlehre zwar nicht. Aber dafür gibt es bei ihm etwas anderes, was ebenfalls deutlich macht, wie sehr Mohammed in seiner Lehre über den Menschen der Botschaft Jesu Christi unterlegen ist. Auf zwei Dinge möchte ich hinweisen.

Das erste möchte ich durch ein kleines Erlebnis verdeutlichen. Bei meiner Studienreise durch Ägypten waren mir immer wieder die schwarzgekleideten und oft vermummten Frauengestalten aufgefallen. Verhüllt bei einer Hitze, die schon im April in Südägypten 35 Grad im Schatten betrug. Davon habe ich mich selbst überzeugt. Wie habe ich die Frauen mit ihren dichten, schwarzen und fast bis zur Erde reichenden Kleidern bedauert! Es ist bekannt, daß besonders Schwarz die Sonnenstrahlung aufsaugt. Schließlich habe ich unseren Begleiter, einen Ägypter, gefragt: „Nun sagen Sie doch mal bloß, wie kommt es, daß die Frauen hier alle mit diesen schwarzen und dichten Kleidern herumlaufen?" Nie werde ich seine Antwort vergessen. Wörtlich sagte er: „Das stammt aus der Zeit der Sklaverei." Mit dieser Sklaverei war aber keineswegs die politische Zeit unter der englischen Krone gemeint, sondern die Sklaverei der Frau unter der Willkürherrschaft des Mannes. Damit habe ich das erste genannt: Die völlige Entwürdigung der Frau. Wenn aber heute noch die Frauen auf dem Lande und in den kleineren Städten so gut wie ausnahmslos in diesen schwarzen „Sklavenkleidern" herumlaufen, dann scheinen die Ketten der Sklaverei noch wenig gelockert zu sein. Bewußt habe ich mit diesen armen, oft vermummten Gestalten zu sprechen mich bemüht. Ich wollte einfach freundlich und gütig zu ihnen sein. Welch eine Verängstigung begegnete mir dann in den allermeisten Fällen! Ich meinte, die anderthalbjahrtausend währende Unterdrückung der Frau schier mit den Händen greifen zu können. Wie taten mir die Frauen des Islams von Herzen leid.

Wenn wir in den islamischen Großstädten heute die meisten Frauen europäisch gekleidet sehen, so ist dies – wie in Indien – auf die Begegnung mit dem Westen zurückzuführen, aber keineswegs auf Mohammed. Im Gegenteil! Es kann nicht bestritten werden, daß Mohammed über die Frauen sehr geringschätzig und pessimistisch gedacht hat. Er soll gesagt haben: „Ich habe der Welt nichts Verderblicheres hinterlassen als die Frauen."

Ich übertreibe nicht, wenn ich sage: Für ihn war die Frau Lust- und Arbeitsobjekt. Die Tatsache, daß er elf Frauen und vier Konkubinen (Nebenfrauen) gehabt hat, läßt dies vielleicht erkennen.

Es liegt auf der Hand: Im islamischen E h e r e c h t ist der Mann eindeutig bevorzugt und die Frau ebenso eindeutig benachteiligt. Das Eherecht ist patriarchalisch. Ein Mann soll sich möglichst auf vier Frauen beschränken. Heute ist die Polygamie (Vielweiberei) den meisten Männern aus wirtschaftlichen Gründen nicht möglich. Unabhängig von den durch Eherecht erworbenen Frauen gibt es die eigentlichen Sklavinnen. Sie kann der Mann in unbeschränkter Zahl als Nebenfrauen haben.

Ein Mann darf seine rechtmäßige Frau dreimal verstoßen. Er soll sie aber wieder zu sich nehmen. W e n n e i n e F r a u i h r e m M a n n n i c h t g e h o r c h t, d a n n d a r f e r s i e e i n - s p e r r e n u n d p e i t s c h e n. Noch heute sind in vielen arabisch-islamischen Ländern die Peitschen ein Haushaltsgegenstand.

Nach islamischem Eherecht ist die Ehe ein privater Kaufvertrag. Der Ehemann erhält das Recht über die Frau, sie hingegen den Anspruch auf Aussteuer. Der private Ehevertrag kann nach freiem Willen und Ermessen des Mannes aufgelöst werden. Nur der Mann kann sich scheiden lassen. Die Scheidung selbst ist ungemein leicht.

Auch jetzt dürfen wir um der Wahrheit willen feststellen, daß wegen der zahllos verlassenen Frauen und Kinder, was verheerende soziale Folgen hatte, sich in modernen islamischen Staaten gegenteilige Bestrebungen zeigen. Z. B. hat die moderne Türkei ein westliches Eherecht eingeführt. Die Vielweiberei ist verboten. Den Schleier darf die Frau ablegen. Dies vollzieht sich aber nicht mit Mohammed, sondern gegen ihn. Nochmals: Dies vollzieht sich in der Begegnung mit der westlichen Welt, die trotz aller Säkularisationserscheinungen eben doch von einer zweitausendjährigen Kultur des Christentums und der Botschaft Jesu Christi geprägt wurde.

Bei meinen Reisen durch islamische Länder habe ich nie eine Frau in einer Moschee gesehen. Noch heute ist sie von allen gottesdienstlichen Veranstaltungen ausgeschlossen. In Lokalen sieht man auf dem Lande und in den Kleinstädten nur Männer. Mit einem Wort gesagt: die Frau ist die Zurückgestoßene.

Wie anders auch jetzt wieder Jesus Christus und sein Evangelium. Jesus Christus verbietet die Ehescheidung grundsätzlich, „es sei denn um der Hurerei (des Ehebruchs) willen". Welch einen Schatz gibt Jesus durch das Scheidungsverbot damit der Frau als dem schwächeren Teil. Gottes Wort sagt: „Ihr Männer, gebt dem weiblichen als dem schwächeren Werkzeug seine Ehre ... Das Weib ist des Mannes Ehre." Das ist etwas anderes als des Mannes Spielball und Dienstmädchen. Jesus wurde in seiner Umgebung auch von Frauen begleitet (Luk. 8, 1–3). Damit gab er der Frau Gleichberechtigung und Würde. Als die Schriftgelehrten und Pharisäer eine Ehebrecherin vor ihn zerrten, sagte er zu den Anklägern: „Wer unter euch ohne Sünde ist, der werfe den ersten Stein auf sie." Als sich alle betroffen weggestohlen hatten, sagte Jesus zu ihr: „Hat dich niemand verdammt? So verdamme ich dich auch nicht." Hier wird zweierlei groß: Jesus, der einzige unter allen Menschen, der sie hätte verdammen können, weil er rein war, sagt zu ihr: „So verdamme ich dich auch nicht. Gehe hin in Frieden."

Und das andere: In allen Religionen gibt es für die gefallene Frau nur Gericht. Bei Jesus gibt es Vergebung. Ja, Maria Magdalena, der Frau mit Männervergangenheit, hat er nicht nur verziehen, sondern ausgerechnet ihr ist er nach seiner Auferstehung als erster erschienen und hat sie so gewürdigt, zur ersten Auferstehungsbotin zu werden.

Die haushohe Überlegenheit Jesu gegenüber Mohammed und dem Islam in der Stellung zur Frau ist so offensichtlich, daß wir darüber kein weiteres Wort zu verlieren brauchen.

d) *Fatalismus*

Die Überlegenheit Jesu und seines Evangeliums im Vergleich mit Mohammed und dem Islam tritt uns auch bei dem Stichwort Fatalismus entgegen. Wir begegneten ihm bereits kurz bei der Gotteslehre Mohammeds.

Die Überspitzung der Allmacht Gottes bis hin zur völligen Alleinwirksamkeit muß sich notwendig in der Lehre über den Menschen auswirken. Die Auswirkung begegnet uns in der Tatsache des Fatalismus. Es ist richtig, wenn wir den Fatalismus kurz mit Schicksalsgläubigkeit übersetzen. Alles, was mir begegnet und widerfährt, ist von Allah geschickt Alles!

Es kann nicht ausbleiben, daß durch den Fatalismus die Verantwortung des Menschen eingeschränkt, wenn nicht sogar ausgelöscht wird. Fatalismus führt zur Trägheit. Fatalismus hemmt den Fortschritt.

Mohammed hat es nicht verstanden, in seiner Gotteslehre die Allmacht Allahs nicht zur Despotie entarten zu lassen und Allmacht Gottes und Freiheit des Menschen in eine fruchtbare Spannung zu bringen. Da Mohammed nur Mensch und nicht Gottes Sohn war, ist es verständlich, daß er in die Fallstricke der Lehre vom Fatalismus hineingeriet. Er konnte uns Gott eben nicht offenbaren. Daran liegt alles.

Weil Jesus als der Offenbarer Gottes den Menschen zuruft: „Kommet her zu mir ... Bleibt in mir", wissen wir um die Verantwortung des Menschen, diese Einladung anzunehmen oder abzulehnen. **Jesus Christus hat den Menschen auf Freiheit gestellt. Freiheitliche Verantwortung ist Ausdruck der Personwürde des Menschen.** Durch Jesus als dem Offenbarer Gottes wissen wir, daß Gott es in seiner Weisheit so geordnet hat, daß Gottes Allmacht des Menschen Freiheit und Verantwortung nicht erstickt, sondern ihnen Raum gibt.

Fatalismus kann nur auf dem Boden der Unfreiheit wachsen. Wir dürfen froh und dankbar sein, daß wir durch Jesus Christus als dem Mund der Wahrheit wissen, daß der Fatalismus eines Mohammed und des Islam falsch ist.

e) *Buddhas Lebens- und Leidenslehre*

Die Zeilen dieser Schrift entspringen keineswegs dem Versuch, für Jesus Christus irgendwelche Rechtsanwaltsdienste zu tun und möglichst viel für ihn „herauszuschlagen". Die Tatsachen sprechen so eindeutig für sich, daß man sie nur aufzudecken und miteinander zu vergleichen braucht. Das gilt auch in bezug auf Buddha. Auch hier ist Jesus Christus wieder der Weitüberlegene.

Gewiß, der Buddhismus ist jünger als der Hinduismus. Buddha brachte dem Hinduismus gegenüber Fortschritte. Er war ein Reformator in zweifacher Hinsicht:

a) Buddha beseitigte das völlig ungerechte und den Menschen entwürdigende Kastenwesen. Ein Heilsmonopol für bevorzugte Kasten, z. B. die Brahmanen, gibt es bei ihm nicht. In der Beseitigung des Kastenwesens liegt der eigentliche Grund für die schnelle und weite Verbreitung des Buddhismus.

b) Das Heil ist grundsätzlich für jeden durch bestimmte Anstrengungen erreichbar. (Ob allerdings für „jeden", ist stark umstritten. Wir werden noch darauf eingehen.)

Dennoch ist auch Buddhas Lehre durch seine Anschauung vom Leben und Leiden schwer belastet.

Wir erinnern uns, daß es Buddha nicht auf eine Gotteslehre ankam. Sein Schwerpunkt liegt in seiner Lehre über das Leben und über die Welt.

Für Buddha und den Buddhismus ist diese unsere Welt nur eine Scheinwelt, nur Schleier der Maya. Außerdem ist unsere Welt eine Welt voller Leiden. B u d d h a p r o k l a m i e r t „ L e b e n i s t L e i d e n u n d L e i d e n i s t L e b e n". I n d i e s e m k u r z e n S a t z i s t d i e z e n t r a l e A u f f a s s u n g B u d d h a s e i n g e s c h l o s s e n. Buddhas ganzes Denken kreist darum, den Menschen von dem Leiden dieser Welt mit ihren Erscheinungen zu befreien. Buddha stirbt mit den Worten: „Schwinden muß jede Erscheinung. Unermüdlich müßt ihr da kämpfen." Das Ziel Buddhas und des Buddhismus besteht darin, sich von dieser trügerischen und leidvollen Scheinwelt wachsend zu lösen und ins Nirwana, in die völlige Seelenruhe, einzudringen. Je mehr Leiden der Buddhist auf sich nimmt, um sich von dieser trügerischen Sinnenwelt zu lösen, um so mehr Freude und Herrlichkeit wird er in der jenseitigen Welt erlangen. Um die Lehre Buddhas und des Buddhismus über Welt und Leben mit einem einzigen Wort zu kennzeichnen, dürfen wir sagen: B u d d h i s m u s i s t P e s s i m i s m u s.

Welch eine Überlegenheit zeigt sich auch jetzt wieder im Vergleich mit Jesus Christus.

Gewiß, auch er weiß um Angst und Leid in dieser Welt und unserem Leben. „In der Welt habt ihr Angst", sagt Jesus. Es wird uns über ihn berichtet: „Da Jesus das Volk sah, jammerte ihn desselben; denn sie waren verschmachtet und zerstreut wie die Schafe, die keinen Hirten haben" (Matth. 9, 36). Gewiß, auch er weiß um Gewalt und Unrecht in dieser Welt:

„Die Könige herrschen und üben Gewalt." Ja, er weiß sogar um seinen Dornenweg: „Des Menschen Sohn muß viel leiden und verworfen werden..." Jesus ist also ganz und gar kein blaßhäutiger und jugendlicher Schwärmer und Romantiker, der über die Nachteile der Welt und des Lebens hinwegträumt. Um so mehr läßt es seine Größe und Überlegenheit erkennen, daß er trotz Leid und Unrecht dennoch Leben und Welt voll bejaht. Jesus fällt nicht in den Fehler Buddhas, das Leben mit dem Leiden und das Leiden mit dem Leben gleichzusetzen. Jesus Christus lehrt keine Weltflucht, sondern Weltbewährung. „Ich sende euch wie Schafe mitten unter die Wölfe." Ja, Jesus versteht sich sogar als Weltüberwinder: „In der Welt habt ihr Angst, aber seid getrost, ich habe die Welt überwunden." Durch die Lebensverbindung mit ihm dürfen wir an dieser inneren Weltüberwindung teilhaben. Schon auf den ersten Blättern der Bibel lesen wir von dem göttlichen Auftrag an die Menschen: „Machet euch die Erde untertan." Mit diesem Befehl werden wir zur Weltbewältigung aufgefordert.

Jesus ist fern von jedem Pessimismus, wie er ebenso von jeder rosaroten Hawaiiromantik unberührt bleibt. Die reale Einschätzung der Welt verbunden mit einem Sendungsauftrag für die Welt legt in seiner Gemeinde Kräfte frei, die sie zu Pionierleistungen im Dienst für die Menschheit befähigt. Jede Diakonisse und jede Nonne, die irgendwo draußen in asiatischen oder afrikanischen Ländern unter Verzicht auf Heimat, Zivilisation und westlichen Komfort jahrelang im aufopferungsvollen Einsatz z. B. an Leprakranken steht, ist Zeugnis dafür, wie hier nicht das Leid bloß bejammert und vor ihm geflohen wird, sondern wie man ihm tapfer begegnet und es innerlich und vielleicht auch äußerlich überwindet.

Wirklich: welch eine Überlegenheit Jesu und seines Evangeliums!

f) *Nächstenliebe und soziales Elend*

Damit sind wir bei einem Punkt angelangt, der in diesem Zusammenhang unbedingt noch erörtert werden muß. Er betrifft alle Religionen und Religionsstifter insgesamt. Es handelt sich um folgendes:

Bei Jesus Christus und seinem Evangelium ist die Nächstenliebe nicht nur viel ausgeprägter als bei Buddha, Mohammed und im Hinduismus, sondern sie ist bei Jesus mit ein Zentralanliegen, während sie im Buddhismus, Islam und Hinduismus lehrmäßig nicht vorhanden ist. „Du sollst lieben Gott, deinen Herrn, von ganzem Herzen, von ganzer Seele und von ganzem Gemüt." Dies ist das vornehmste und größte Gebot. Das andere aber ist ihm gleich: „Du sollst deinen Nächsten lieben wie dich selbst", sagt Jesus Christus.

Durch das Straßengewühl der indischen Stadt Bombay gehen zwei Jain-Priester. Jain, der Begründer des nach ihm benannten Jainismus, wollte wie Buddha den Hinduismus reformieren. Die beiden Priester dieser Oppositionsreligion tragen vor ihrem Mund und ihrer Nase eine Binde. Warum? Um sich vor Ansteckung durch eventuelle Bazillen zu schützen? Nein! Sondern um nur ja keine noch so winzige Mücke zu verschlucken oder in die Nase zu bekommen und sie dann eventuell zu zerreiben. Warum das denn? Das kann doch nicht so gefährlich sein. Gewiß nicht. Man muß wissen: Sie tragen die Binde nicht aus hygienischen, sondern aus religiösen Gründen. In der Mücke könnte ein Verstorbener seine Wiederverkörperung gefunden haben. Darum darf der Mücke nur ja nichts geschehen.

Die Anhänger dieser Richtung, die Jains, sind keine Bauern. Warum nicht? Weil sie beim Pflügen Würmer, Insekten oder sonstige Kriechtiere töten könnten. Das wäre aber schrecklich, denn in dem Wurm kann ja die Wiedergeburt eines Menschen stattfinden.

Wie weit das geht, habe ich einmal aus erster Hand erfahren. Ich war im Kanton Zürich zu einer Evangelisation und wohnte in den bekannten Anstalten von Rämismühle. Der Leiter, Georg Russenberger, war mit seiner Frau über 20 Jahre Missionar in China. Er erzählte mir öfters von seinen Erlebnissen. Ich bat ihn, mir einiges aufzuschreiben, damit ich es nur ja genauso wiedergebe, wie er es erlebt hat. Er schreibt unter anderem: „Der Buddhist darf kein Leben vernichten, weil er ja nie weiß, ob die Seele eines Abgeschiedenen vorhanden ist. Wie oft habe ich Buddhisten zugeschaut, daß sie von ihrem Körper Ungeziefer sorgsam abgelesen haben und dann ganz behutsam auf die Seite legten, damit von diesen ,Millionen Chinas' keines umkomme."

Also: Auf der einen Seite diese bis ins Verzerrte und Unhygienische hineingehende Ehrfurcht vor den Lebewesen, in denen Menschen ihre Wiedergeburt finden können. Und auf der anderen Seite gibt es in der gesamten außerchristlichen Literatur nicht das Wort Nächstenliebe, wie Kenner der Sprache festgestellt haben.

Flöhen und Läusen tut man nichts zuleide und Menschen läßt man zu Millionen im Dreck und Elend schier verkommen, macht sie unbarmherzig zu Kastenlosen, wie im Hinduismus, oder man überläßt sie fatalistisch ihrem Dahinvegetieren, wie im Islam.

Ich vergesse es nie: Wir saßen nach einem Evangelisationsabend in Leverkusen mit einem Kreis junger Menschen im Pfarrhaus des dortigen Superintendenten Glücks zusammen. Unter uns war ein Geschwisterpaar aus Indonesien. Sie studierten in Deutschland. Sie waren Sohn und Tochter eines indonesischen Ärztehepaares. Natürlich mußten sie uns tüchtig aus ihrer Heimat erzählen. Die beiden waren Christen inmitten einer heidnischen Umwelt. Als besonderes Kennzeichen der seelischen Struktur jener Menschen sagte unser indonesischer Freund: „Sie kennen nicht – Liebe. Ihre Herzen sind hart."

Ich mußte mich fragen: Worin mag dies seinen letzten Grund haben? Gewiß werden auch dort die Menschen dieselben Grundempfindungen haben wie bei uns. Und doch kann der eine oder andere Zug im Menschen besonders gepflegt, aber auch unterdrückt werden. Der Erziehung kommt ein beachtlicher Raum zu. Was der indonesische Freund sagte, hat seine letzte Begründung im Religiösen. Wieso?

Im Islam herrscht das kalte Gesetz des Kismet, wörtlich des Zugeteilten, das man hinnehmen muß. Im Hinduismus und Buddhismus herrscht das nicht weniger kalte Gesetz des Karman, des Vergeltungsglaubens. Sie beide, Kismet und Karman, sind dumpfer, starrer Schicksalsglaube. Dieses Stichwort ist von entscheidender Wichtigkeit. Und zwar in jeder Beziehung: sowohl in sozialer, als auch in religiöser. Beide sind miteinander verkoppelt. Praktisch wirkt sich das so aus:

Der Glaube an das Karman tötet das soziale Gewissen. Warum soll der Hindu Mitleid mit einem Kastenlosen haben? Denn die Zugehörigkeit zur Kaste ist ja nicht zufällig, sondern die Folge bereits früherer Existenzen. Der Kastenlose ist darum kastenlos, weil er in früheren Erdenleben böse gehandelt hat. Nun darf man doch dem Schicksal, ja, der Gottheit nicht in den Arm greifen und die Lage eines Menschen ändern, die ihm ja als Karman, als Vergeltung zudiktiert ist. Hier liegt die letzte Begründung für den Mangel an Liebe und Mitleid. Von dorther erklärt sich der erschreckende soziale Unterschied, z. B. in Indien. Dort gibt es primitivste Bauern, die nur mit einem Lendenschurz bekleidet sind und in größter Armut ihr Leben fristen. Und auf der anderen Seite schwelgen fürstliche Maharadschas in größtem Reichtum und in märchenhafter Pracht.

Alles ist Karman, alles ist Schicksal. Dumpfer Schicksalsglaube brütet über Indiens Gauen. Unter dieser Dunstglocke wuchert erschreckendes Elend. Missionare und Reisende wissen davon zu berichten. Ich lese z. B. dies: „Unvermittelt stehe ich vor einer Holzkiste auf rostigen, verbogenen Eisenrädern. Ich erstarre: Was sitzt da drin? Ein Mensch? Ja, ein Mensch. In den Krallen der Lepra, die Füße abgefault bis zu den Knien, die Arme bis zu den Ellbogen. Nur Stümpfe hat dieses Bündel Mensch, und das Gesicht ist zur Fratze entstellt. Er lallt irgend etwas in seinem Holzkasten. Die Hand zum Betteln aber streckt eine Frau hin, die den Holzkasten schiebt. Der Hand, die sie mir entgegenstreckt, fehlen die Finger. Nur Stümpfe sind daran. Auch sie ist leprakrank." – Dieser Bericht stammt aus dem mohammedanischen Pakistan.

Ob hinduistisches und buddhistisches Karman oder mohammedanisches Kismet: fatalistische Ergebenheit hier und dort. „Ergebe dich in das Schicksal, das dir Allah bereitet." Dies Leitwort lehrt Mohammed seinen Gläubigen.

Nochmals: Nächstenliebe – als verpflichtendes Gebot ihrer Religion kommt im Wortschatz nicht vor.

Das Schlimmste, was Missionare erlebten, ist dies: Es gibt sogar Eltern, die ihren eigenen Kindern das Augenlicht rauben, das heißt also, die sie willkürlich blind machen, um so mit ihren Kindern besser betteln zu können in der Hoffnung, daß sich auf diese Weise doch noch mehr Herzen erweichen lassen, obwohl die Eltern selber völlig herzlos und egoistisch sind.

Hinduismus, Buddhismus und Islam werden in ihrer Eigenschaft als Religionen mit dem Massenelend und der sozialen Frage nicht fertig. Zwar bemüht man sich von Staats wegen, der Sache auf den Leib zu rücken. *Mit einer einzigen, aber vielsagenden Bemerkung möchte ich darauf hinweisen: Durch den Schicksalsglauben wird die Arbeitsmoral sehr nachteilig beeinflußt. Dafür könnten wir viele Belege bringen.*

g) „Gutestuer"

Wenn wir auch feststellen müssen, daß sich

1. die Lehre vom dumpfen Schicksalsglauben,
2. von der Scheinwelt und
3. dem daraus resultierenden Pessimismus

sehr nachteilig auf Nächstenliebe und soziale Frage auswirken, so gibt es dennoch besonders im Buddhismus viele sogenannte „Gutestuer". Wie erklärt sich dieser Widerspruch? Missionar Russenberger weiß aus über 20jähriger Missionspraxis in China die Antwort zu geben. Er erzählt: „Gutestuer nennt man diese Leute in China, die sich den Himmel verdienen wollen. Es ist sicherlich manchmal beschämend für viele Christen, was diese Gutestuer an Armen und Leprakranken tun, um sich den Himmel zu verdienen. Ich sah es sehr oft: Jeden Ersten und Fünfzehnten des Monats kommen die Bettler mit ihren schmutzigen Kleidern und stinkenden Wunden. Sie kommen in diese buddhistischen Wohnungen (der Gutestuer) und erhalten Reis und andere Unterstützung. Warum? Antwort: Der Gutestuer will sich damit einen besseren Platz im Jenseits erkaufen."

Motiv-Forschung ist immer aufschlußreich. Über Wert und Unwert einer jeden Tat entscheidet die Gesinnung. Gerade die Gesinnung der Gutestuer kann nicht unsere ungeteilte Freude finden. Hinter ihrer Tat steht Heilsegoismus, aber keine Liebe als treibendes Motiv. Jesus aber prangert jedes unlautere Motiv an. Den „frommen" Pharisäern seiner

Zeit schleudert er ins Gesicht: „Alle ihre Werke tun sie, daß sie von den Leuten gesehen werden... Weh euch, Schriftgelehrte und Pharisäer, ihr Heuchler, von außen scheinet ihr vor den Menschen fromm, aber inwendig seid ihr voller Heuchelei und Untugend... Wenn du aber Almosen gibst, so laß deine linke Hand nicht wissen, was die rechte tut." Gerade dieses letzte Wort will jede egoistische Heils- und Verdienstspekulation ausschließen. Das Evangelium sagt: „Die Liebe suchet nicht das ihre."

Wir schrieben von den „Gutestuern", die sich den Himmel verdienen wollen. Damit berühren wir etwas, was ebenfalls bei der Untersuchung des Unterschieds von Christus einerseits und Buddha, Mohammed und dem Hinduismus andererseits unbedingt beachtet werden muß. D. h. wir müssen nun Stellung nehmen zu dem folgenden Problem:

III. Der Heilsweg

Alle Religionen wollen das Heil vermitteln. Auch Jesus Christus. Gerade hier aber wird der völlige Unterschied erneut deutlich.

a) Der Heilsweg bei Mohammed

Der Wagen unseres jungen ägyptischen Arztes hält vor der berühmten Askar-Universität in Kairo. Wir steigen aus. Unsere Schuhe werden mit einem Überzug versehen. Wir treten in die Hochburg der Mohammedaner, in das geistige Zentrum des Islams. Der Innenhof ist an den Seiten mit über 700 schlanken Säulen geziert. Typisch islamische Kunst. Nun betreten wir die Universität selbst. Es handelt sich um die theologische Fakultät. Unser junger Arzt klärt uns auf, daß die anderen Fakultäten außerhalb dieses Gebäudes liegen. Wo wir uns aber befinden, schlägt das Herz der gesamten Universität Kairos. Hier ist eine großflächige Halle mit vielen Säulen, die das Dach tragen. Dämmerige Helle und schattige Kühle. Wo immer wir hinschauen, ist der Raum mit wunderbaren farbenprächtigen Teppichen ausgelegt. Alles ist wie eine Moschee. Verstreut über die weite Halle sehen wir Moslems, die im Gebet vertieft sind. Von uns nehmen sie keine Notiz. Vereinzelt hocken hier und dort Koranschüler und lesen. Mohammedaner dürfen über den Koran nicht diskutieren. Es ist gut, wenn sie viel auswendig von ihm wissen. Wir durchwandern auch die Nebenräume. Ab und zu stoßen wir auf einen Schreibtisch für die Lehrer. Als wir auf unserem Rückweg wieder die große Halle betreten, hat sich gerade eine Gruppe von 12 Studenten um einen Ulema, einen Professor, gesammelt. Er sitzt in einem Stuhl, dem einzigen, den ich in der Säulenhalle sehe. Den Stuhl hat er an eine Säule gelehnt. Im Halbkreis hocken die Studenten im Türkensitz um ihn herum auf dem Teppich. Ein schönes, buntscheckiges Bild. Der Professor doziert Auslegung des Korans. Ich gehe bis auf etwa drei Meter an den Halbkreis heran und mache schnell eine Blitzaufnahme. Dies soll zwar verboten sein, aber keiner sagt mir ein böses Wort. Zu dieser Universität kommen junge Moslems aus der gesamten arabisch-islamischen Welt.

Ob hier an der geistigen Hochburg in Kairo oder im entferntesten Beduinendorf: überall werden den Menschen fünf religiöse Hauptpflichten eingehämmert. Mit ihnen führt Mohammed seine Anhänger den Heilsweg entlang:

1. Das Glaubensbekenntnis: „Es ist kein Gott außer Allah und Mohammed ist sein Prophet." Täglich muß der Moslem dieses Bekenntnis ablegen. Dieses Bekenntnis ist alles: Wiegenlied und Kriegsruf, Begräbnisgesang und Zauberformel, Übertrittsformel und Erkennungszeichen. Mehrmals am Tage wird es von den schlanken Türmen, den Minaretts, ausgerufen. Allen Moslems wird zur Pflicht gemacht: Kämpfe immer für deinen Glauben.

2. Das Gebet: Verwirkliche das Ritualgebet und die rituellen Reinigungen fünfmal am Tage: beim Sonnenaufgang, mittags, nachmittags, beim Sonnenuntergang und eine Stunde nach Sonnenuntergang. „Das Gebet nach Gebrauch der Zahnbürste ist siebenfältig besser als das Gebet ohne sie." Der ausgebreitete Gebetsteppich schafft den rituell zulässigen Ort. Die Gebetsrichtung geht nach Mekka. Das Gebet muß sich mit einer bestimmten Gebetshaltung verbinden: stehen, knien, mit der Stirn sich verneigen bis zur Erde. Der Islam ist eine betende Religion. Es hat mich be-

wegt, in Kairo die überfüllten Moscheen am Freitag zu sehen, überfüllt von betenden Männern. Der Freitag ist ihr „Sonntag".

3. Das Fasten: Faste im Monat Ramadan von der Morgendämmerung bis zum Sonnenuntergang. Enthalte dich auch jeglichen Trinkens, des Rauchens und des Geschlechtsverkehrs.

   Kommt beim Zähneputzen Wasser in die Kehle oder Medizin in eine offene Wunde oder Rauch in den Mund, so ist das Fasten ungültig.

4. Das Almosen. Zahle deine Almosensteuer. Sie ist ein Akt des Selbstgerichts. Früher war das Almosen auch eine Spende für den heiligen Krieg.

5. Wallfahrt: Wenn du volljährig bist, mußt du einmal im Leben nach Mekka pilgern.

Mohammed schuf eine Gesetzesreligion. Außerdem ist sie entwicklungsarm und in ihren Jenseitsvorstellungen sehr grobsinnlich primitiv. Wer in der jenseitigen Welt das Paradies erlangt, wird von schönsten Frauen bedient und sitzt an vollgedeckten Tischen bei üppigsten Gerichten mit Tafelmusik etc. Was aber noch mehr anstößt, ist dies: Seine Lehre vom Heilsweg enthält einen empfindlichen Widerspruch. Auch die strengste Erfüllung der fünf religiösen Hauptpflichten nützt nichts, denn über allem waltet ja doch das sogenannte Kismet, der tyrannische Wille Allahs, das kalte, erbarmungslose Schicksal. Schließlich krankt Mohammeds Heilsweg mit seiner Pflichtenlehre an folgendem: der Buchstaben-Gehorsam entscheidet. Gewissen und Gesinnung kommen Mohammed nicht in Sicht. Mit Recht fallen bei Christus aber gerade dort die Entscheidungen.

b) *Der Heilsweg im Hinduismus*

Im Gegensatz zum Islam ist im Hinduismus Indiens nichts so sehr im religiösen Bewußtsein ausgeprägt, wie die Lehre von der Wiederverkörperung oder Wiedergeburt. Diese Lehre wohnt in der indischen Seele bei dem einfachsten Menschen ebenso wie bei Gebildeten. Sie entspricht mehr dem Lebensgefühl als einer rationalen Reflexion.

Den Glauben an die Wiederverkörperung oder Seelenwanderung haben in etwas unterschiedlicher Weise Hinduismus und Buddhismus gemeinsam.

Der Sinn des Lebens besteht darin, sich aus den Polypenarmen des Karman, diesem Vergeltungsgesetz, herauszuwinden und damit den Kreislauf der Wiedergeburten zu sprengen. Wie kann das aber geschehen: Indem der Mensch alles Tun vermeidet, das neues Unrecht erzeugt. Denn ausgeübtes Unrecht schreit nach Vergeltung. Um durch meine Taten keine Ursache für das Karman, für die Vergeltung, zu geben, muß ich beherzigen, wie es im Hinduismus heißt: „Verlasse alles, es ist alles Täuschung! Das Leben zittert wie ein Wassertropfen auf einem Lotosblatt. Die Zeit spielt, das Leben verwelkt. Doch der Atem der Hoffnung hört nicht auf." Allerdings braucht es einen sehr, sehr langen Atem, um den hinduistischen, wie auch den buddhistischen Heilsweg zu gehen.

Um den Heilsweg zu gehen, bedarf es dreierlei:

   I. der Erkenntnis und Erleuchtung,

  II. der religiösen Übung im Verkehr mit den Göttern,

 III. der täglichen Pflichterfüllung.

Zu I. Zur Erkenntnis und Erleuchtung bedarf es des auch bei uns bekanntgewordenen Yoga. Bei uns steht der Yoga im Dienst der Gesundheit. In Indien im Dienst der Religion. Yoga ist dort ein freiwilliges Joch, das sich der Mensch auferlegt, um sich damit zu erlösen, Schuld zu beseitigen und die Zahl der Wiedergeburten zu verringern. Der Weg des Yoga umfaßt acht Stufen:

1. moralische Zucht durch Keuschheit,
2. geistige Zucht durch Reinheit der Gedanken,
3. körperliche Zucht durch bestimmte Sitzarten und maßvolle Nahrungsaufnahme,
4. Zucht der Atmung durch ihre Regulierung,
5. Zucht des Geistes, indem er sich von allen Gegenständen abwendet,
6. Freiwerden des Menschen durch Konzentration auf einen bestimmten Gegenstand,
7. dadurch Erreichung des Zustandes der Meditation,

8. verzückende Betrachtung des Geistes durch Erlöschen des Ich-Bewußtseins. Nun bricht das Göttliche in das von der Sinnenwelt entleerte Ich ein, und damit ist der höchste Zustand erreicht: die Vereinigung mit dem Göttlichen.

Zu II. Zum Weg der religiösen Übung gehören Gebet und Opfer. Das Gebet ist aber nur dann wirksam, wenn seine heilige Formel streng im Wortlaut, im Akzent und Rhythmus eingehalten wird.

An Opfern werden gebracht Reis, Früchte und Blumen. Mit dem Opfer weiht sich der Hindu der Gottheit. Zu den Opfern gehören auch Wallfahrten z. B. nach der heiligsten Stadt Indiens, Benares am Ganges.

Zu III. Zum Heilsweg durch tägliche Pflichterfüllung gehört, daß die jeweiligen Tugenden der jeweiligen Kasten erfüllt werden. Außerdem gehören zur Pflichterfüllung: wahrhaftig sein, rein sein, rituelle Vorschriften erfüllen, sich selbst beherrschen und andere nicht schädigen.

c) Der Heilsweg bei Buddha und im Buddhismus

„Folget dem Weg der Erlösung, den ich euch gezeigt habe", war die immer sich wiederholende Vorschrift, die Buddha seinen Mönchen gab. Was war das für ein Weg der Erlösung? Ihn hat er in seiner ersten und berühmten „Predigt von Benares" aufgezeigt. Darin sagt er seinen fünf Mönchen u. a.:

„Zwei Extreme gibt es, ihr Mönche, denen der, welcher der Welt entsagen will, fernbleiben muß. Welche zwei sind diese? Fernhalten muß man sich vom Leben der Lüste; denn das ist niedrig und gemein, ungeistig, unedel und führt nicht zum Ziel. Fernhalten muß man sich von der Übung der Selbstquälerei; denn sie ist leidensreich, unedel und führt nicht zum Ziel. Wenn man sich von diesen Extremen fernhält und den mittleren Weg geht, findet man Erkenntnis, Frieden Erleuchtung und gelangt zum Nirwana."

Diesen mittleren Weg entfaltet Buddha durch die sogenannten vier edlen Wahrheiten. Sie lauten:

1. Leben ist Leiden.

2. Das Leiden entsteht durch das Begehren. „Es ist dieser Durst..."

3. Um das Leiden zu beseitigen, muß man das Begehren vernichten. „Es ist das völlige Freisein von diesem Durst…"
4. Um das nun zu erreichen, muß man den „edlen achtteiligen Pfad der Tugend" gehen. In diesem achtteiligen Pfad
begegnet uns die Sittenlehre (die Ethik) Buddhas und des
Buddhismus. Buddha fordert:

1. das rechte Glauben,

2. die rechte Gesinnung,

3. die rechte Rede,

4. die rechte Lebensführung.

Dies Dritte und Vierte schließt folgende fünf Verbote in sich:
Du sollst nicht töten, nicht stehlen, nicht unkeusch leben,
nicht lügen, nicht berauschende Getränke trinken. Das erste
Verbot ist das wichtigste. Es beinhaltet Mordverbot, Kriegs-
verbot, Jagdverbot, Opferverbot. Weiter fordert Buddha:

5. den rechten Lebenserwerb,

6. das rechte Streben,

7. das rechte Denken,

8. das rechte Sich-versenken.

Wir erwähnten bereits, daß Buddha die beiden Lehren des
Hinduismus beibehält:

a) die Lehre vom Karman, also die Lehre von Schuld und
Vergeltung und

b) die Lehre von der Wiederverkörperung.

Aber auch der Yoga spielt bei ihm eine große Rolle.

Buddha wurde mit 80 Jahren krank und starb. Nach seinem
Tode kam es zu Meinungsverschiedenheiten darüber, wer das
Nirwana und damit das Ziel des Heilsweges erreichen wird.
Diese Anschauungen schlagen sich bis heute nieder in der

d) *Lehre von den Fahrzeugen*

Das Wort Fahrzeug müssen wir mit den beiden Worten er-
gänzen: zum Heil.

Es gibt drei verschiedene Fahrzeuge zum Heil.

1. das Kleine Fahrzeug,

2. das Große Fahrzeug,

3. das Diamantene Fahrzeug.

Diese Lehre vom Kleinen Fahrzeug entspricht dem Urbuddhismus. Nach der Lehre vom Kleinen Fahrzeug erreichen nur Mönche das Nirwana, die sich freiwillig von der Welt abgesondert haben. Auch hier begegnen wir statt einer Heilsverantwortung für andere Menschen einem Heilsegoismus, wie auch einem Heilsmonopol. Selbst Nonnen erreichen nicht das Heil. Es ist ihnen zu wünschen, daß sie bei einer der nächsten Wiederverkörperungen männlich geboren werden.

Wenn Buddha auch die Kasten beseitigt hat, so hat der Buddhismus doch mit der Lehre vom Kleinen Fahrzeug eine Mönchsreligion und damit eine noch viel strengere „Kaste" aufgerichtet.

In der Lehre vom Großen Fahrzeug kann das Heil nicht nur von Mönchen, sondern praktisch von allen Menschen erreicht werden. Diese Richtung des Buddhismus nimmt zwar Pomp mit in ihren Kult. Aber erfreulich ist seine Heilsverantwortung für alle Menschen. Hier ist Grundgebot: „Hilf den anderen, ihr Heil zu erreichen." Aber der Pferdefuß besteht auch noch hier: indem ich den anderen helfe, helfe ich mir an meinem Heile selbst. Nicht nur einen Menschen, sondern auch einem Floh, wie auch einem Gott kann geholfen werden. Ja, auch den Göttern muß im Buddhismus und Hinduismus geholfen werden.

Nach der Lehre des Großen Fahrzeugs kann jeder grundsätzlich ein Buddha = ein Erleuchteter werden und dadurch das Nirwana erreichen. Aber dazu bedarf es eines unablässigen Strebens und zahlreicher Wiedergeburten. Lang, sehr lang ist der Weg.

Das Diamantene Fahrzeug ist ein kümmerlicher Verfall des Buddhismus. Von Buddhas Lehre wurde so gut wie alles aus dem Fahrzeug hinausgeworfen. Stattdessen wurde Magie, ein ganzes Heer von Göttern und ein Kult mit stärkstem erotischen Einschlag aufgeladen. Die Anhänger der Lehre vom Diamantenen Fahrzeug sind zahlenmäßig erfreulich gering.

Auch jetzt dürfen und müssen wir wieder feststellen: wie ganz anders ist doch Christus und sein Evangelium, wie überlegen ist doch er und seine Botschaft!

Um diesen letzten Satz zu untermauern, verlassen wir jetzt die Darstellung der lehrmäßigen Unterschiede und wenden uns einem weiteren Leitsatz zu:

6. Leitsatz:

Der Unterschied zwischen Jesus Christus einerseits und Buddha, Mohammed, Hinduismus andererseits ist der Unterschied zwischen Erlösung und Selbsterlösung.

Diesen Unterschied müssen wir wie folgt verstehen:

Nicht nur das Evangelium, sondern auch alle Religionen wissen um Schuld im Leben des Menschen. Aus den vorigen Zeilen wurde dies deutlich. Aber keine einzige Religion gibt uns letzte Antwort auf die Frage: Was wird aus meiner Schuld?

Sünde und Schuld sind eine grauenvolle Wirklichkeit in unser aller Leben. Wenn das Gewissen erwacht, dann weiß jeder darum. Ob der Mensch die Schuld anerkennt oder nicht – den Schuldschein bekommt er präsentiert, früher oder später. Was dann?

Weil Buddha, Mohammed und der Hinduismus um Schuld wissen, weil sie aber nicht sagen können, was aus der Schuld des Menschen wird, darum sagen sie alle: Du mußt was tun! Du mußt was tun! Du mußt was tun!

Von dieser Überlegung her entwarfen sie den Heilsweg.

Folgende Tatsache steht nun außer Zweifel: D e r H e i l s w e g i s t d e r W e g d e r S e l b s t e r l ö s u n g. Auf diesem Heilsweg wird der Mensch ständig angetrieben gleichsam durch eine Furie mit der Peitsche in der Hand. „Du mußt was tun!" Das ist der Weg der Selbsterlösung.

Jesus aber sagt: Ich habe etwas für dich getan. Das ist der Weg der Erlösung. „Des Menschen Sohn ist nicht gekommen, daß er sich dienen lasse, sondern daß er diene und gebe sein Leben zur Bezahlung für viele." Das ist Evangelium = d. h. Frohe Botschaft. Vergeblich warten wir auf solche Botschaft aus dem Munde aller Religionsstifter. Vergeblich warten wir auf solch ein stellvertretendes Tun durch die Religionsstifter. Zu solch einem stellvertretenden Tun sind sie gar nicht fähig, weil sie selbst Sünder sind. Nur Gott kann unser Erlöser sein. Darum bieten sie uns nur eins an: Selbsterlösung.

Aber Selbsterlösung gibt es in Wahrheit nicht. Denn der Mensch kann ja bestenfalls nicht mehr leisten, als fehlerlos und schuldlos leben. Dann lebt er so, wie er soll. Aber bitte: Wenn ich im Februar schuldlos lebe, dann ist dadurch meine Schuld vom Januar noch lange nicht beglichen. Miete, die ich für den Februar bezahle, beseitigt keineswegs meine Mietschuld vom Januar. Schuld bleibt also Schuld. Keiner kann sich seine Schuld selbst vergeben. Eine ausgesprochene Lüge bleibt Lüge. Keiner kann sie ungeschehen machen. Ein vollzogener Ehebruch bleibt in Ewigkeit Ehebruch. Darum gibt es keine Selbsterlösung.

Wie sieht der Versuch der Selbsterlösung denn praktisch aus?

Es ist ergreifend, welche Anstrengungen dazu unternommen werden. Hier ist einer in den Tiefen Asiens – einer von vielen, vielen. Er will büßen und das Heil erlangen. Er wallfahrtet zu einem weiten Ziel. Aber nicht mit der Bahn, auch nicht mit Pferd und Wagen, auch nicht nur zu Fuß. Sondern so: In seiner ganzen Körperlänge legt er sich in den Staub seines Weges, streckt die Hände nach vorn aus. Nun steht er auf. Dort, wo seine Hände hinreichen, stellt er sich nun mit seinen Füßen hin, legt sich erneut in den Staub, streckt die Hände wieder aus. Steht wieder auf, stellt die Füße wieder an die neue Stelle. So geht es weiter, Meter um Meter, hunderte um hunderte. Es ergreift mich, wenn ich mir vorstelle, wie blutig ernst diese Menschen ihre Schuld und Sühne, ihre Erlösung nehmen.

Und wir? Wir sind weithin seelisch verfettet, verspießert, gleichgültig, erkaltet. Und das führt zu keinem guten Ende.

Es ergreift mich, wenn ich daran denke, wie ich es selbst gesehen habe: Da hocken Mohammedaner sozusagen stundenlang über ihrem Koran, ihrem heiligen Buch, und lernen, ja, pauken, pauken. Oder: Da ist eine Menge mohammedanischer Derwische = das sind Angehörige eines islamischen Ordens. Verhalten beginnen ihre Gesänge. Verhalten sind noch ihre Bewegungen. Aber dann steigert es sich. Es wird wild, immer wilder, immer tobender, immer rasender mit ihnen, bis sie heulend und zuckend zu Boden sinken.

Oder es ereignet sich zum Beispiel dies: Chinamissionar Georg Russenberger berichtet: „Persönlich schaute ich zu, wie junge buddhistische Priester für ihr Priesteramt geweiht worden sind. Auf die kahlgeschorene Kopfhaut wurde an neun Punkten glühend heißer Siegellack gegossen und gleichzeitig je ein Weihrauchstäbchen hineingesteckt. Dann brannten diese Weihrauchstäbchen nieder. Ich glaubte, die ganze Kopfhaut brenne – der junge Mensch müßte nun aufheulen vor rasenden Schmerzen; aber mit keiner Wimper zuckte er zusammen. Er trug diese höllischen Schmerzen; denn er rechnet mit der Herrlichkeit und Wonne in jener anderen Welt, die auf ihn wartet. Alle rechten buddhistischen Priester haben neun tiefliegende Narben auf ihrem Kopf, die eben von dieser Priesterweihe herstammen.

Die buddhistische Mystik in ihrer Endphase ist die Selbstaufgabe, um in eine Gottheit verwandelt zu werden. Von diesem Punkt aus verstehen wir, warum sich Buddhisten lebendig einmauern lassen, oder auch den Weg der Selbstverbrennung wählen, um als Vollendete, die eben alle Bedürfnisse des Leibes aufgegeben haben, einzugehen ins Nirwana, das ist der Ort der Seligen."

Zu all dem kann ich nur sagen: So blutig ernst nehmen diese Menschen ihre Schuld und Sühne, ihre Erlösung. Wieder muß ich fragen: Und wir? Und wir? Aber ihre Erlösung finden sie nicht. Denn was sie treiben, ist Selbsterlösung. Wir mußten feststellen: Die aber gibt es nicht. Denn keiner kann sich an seinen eigenen Haaren aus dem Sumpf herausziehen. Nochmals: Schuld bleibt Schuld – in unser aller Leben.

All diese Sünde und Schuld ist letztlich Schuld gegenüber Gott. Vergeben kann darum nur einer: Gott. Weil Allah nur Gerechtigkeit kennt, aber keine Liebe, darum kennt er auch keine Vergebung. Darum ja die religiösen Anstrengungen und Leistungen der Mohammedaner, um sich selbst zu erlösen. Auch der Buddhist kennt keine Vergebung durch Gott. Darum auch sein Quälen und Mühen um Läuterung. Darum flieht er ja vor der Welt; darum erklärt er ja: Leben heißt Leiden. Darum sein ununterbrochenes Mühen, das Begehren systematisch in sich auszulöschen, um bei seiner Wiederverkörperung in ein weiteres neues Leben hier auf Erden schon ein Stück vorwärtsgekommen zu sein, um schließlich ins Nirwana zu gelangen. Aber wann wird das sein? Nach wieviel zig Erdenleben? Nach wieviel Anstrengungen? Keiner weiß es.

Wirklich: Selbsterlösung ist Selbstquälerei.

Wie ganz anders bei Jesus Christus. Durch Jesus wissen wir, daß Gott zwar Gerechtigkeit ist, aber auch Liebe. Weil Gott Gerechtigkeit ist, darum gibt es das Kreuz von Golgatha. Darum starb dort der Gerechte – Jesus Christus. Er starb, um die Strafe für die Sünde stellvertretend auf sich zu nehmen, er starb, um der Gerechtigkeit Gottes Genüge zu tun.

Aber die Gerechtigkeit ist nur die eine Seite. Die Liebe ist die andere. In seiner Liebe wendet Gott die stellvertretende Tat Jesu uns zu. In seiner Liebe schenkt er uns Vergebung.

In seiner Liebe hat Jesus Christus uns am Kreuz losgekauft. Loskaufen hängt mit der Sklaverei zusammen. In Rom habe ich den alten Marktplatz gesehen. Da habe ich mir vorgestellt, wie dort Sklaven verkauft wurden. „Entschuldigen Sie bitte, was kostet der Sklave dort?" „500 Centesimi." „Hier haben Sie die 500 Centesimi."

Das tat Jesus Christus für uns. Er hat uns losgekauft vom Rechtsanspruch des Satans auf Grund unserer Sünde und Schuld. Was wir nicht können, tat er. Das ist Erlösung. Wer von uns braucht keinen Loskauf?

Nun könnte jemand einwenden, was mir einmal einer im Gespräch sagte. Wir kamen auf die letzten Fragen, auf Schuld und Sünde zu sprechen. Auch auf die Frage: Worin besteht eigentlich unser Christsein? Da antwortete er in guter Meinung: „Ich gehe ab und zu zur Kirche." Ich entgegnete ihm: „Gut und schön! Aber dann können Sie genau so gut Buddhist oder Mohammedaner sein. Denn die tun noch viel, viel mehr. Hören Sie: Christ sind Sie dann, wenn Sie zunächst einmal gepackt haben: Nicht ich tue etwas, sondern Gott tut etwas für mich dort am Kreuz auf Golgatha. Nicht Selbsterlösung ist der Weg zum Heil, auch nicht durch fromme Werke, die auch bei uns getan werden und nicht nur in Indien, China und den arabischen Ländern. Sondern das Heil der Welt und der Menschen besteht in der großen Erlösungstat Jesu." Das habe ich ihm gesagt. Das muß ich mir auch selbst sagen.

Erlösung ist nur möglich als Geschenk. Selbsterlösung hingegen wäre eigenes menschliches Verdienst, zu dem wir aber gar nicht fähig sind.

Nun könnte jemand aber fragen: Ist die Erlösung wirklich geschehen und wirksam? Diese Frage leitet uns weiter zum

7. Leitsatz:

Buddha, Mohammed und alle Religionsstifter sind tot. Jesus Christus aber ist leiblich auferstanden und lebt. Die Auferstehung Jesu ist die Versiegelung seines Lebens und Werkes.

Die Auferweckung Jesu ist die Krönung seiner Erlösungstat am Kreuze auf Golgatha. Die Auferstehung Jesu macht die Erlösungstat für uns voll wirksam.

Welch ein gewaltiger, ja, unüberbrückbarer Unterschied besteht doch zwischen den Religionsstiftern und Jesus! Die Religionsstifter sind längst in ihren Gräbern vermodert. Aber Jesus Christus lebt. Er ist mitten unter uns durch seinen Heiligen Geist. Ja, ich wage zu schreiben: Durch den lebendigen Jesus Christus kann dieses Lesen über ihn mit dem Starkstrom der Ewigkeit geladen werden.

Ohne Auferweckung Jesu wäre das Evangelium kein Evangelium, sondern nur eine Religon unter anderen Religionen. Ohne Auferstehung wäre Jesus nur ein Wegweiser, ein Lehrer wie Buddha und Mohammed. Zwar wäre Jesus ein besonders guter und edler Lehrer und Wegweiser. Aber eben doch nur ein Wegweiser. Wir müßten allein gehen – ohne seinen Beistand, ohne seine Hilfe, ohne seine Kraftzulage durch seinen Heiligen Geist, der an meinem Herzen und Gewissen arbeitet. Jesus Christus aber hat im völligen Unterschied zu den Religionsstiftern gesagt: „Ich bin der Weg, die Wahrheit und das Leben." Durch seine Auferstehung und sein Gegenwärtigsein hat er dies als wahr erhärtet. Das Gegenwärtigsein des auferstandenen Herrn durch seinen Heiligen Geist macht alles gewiß. Darum hat der Kommunist und Atheist völlig recht, der in Moskau zu einem deutschen Pastor in gebrochenem

Deutsch gesagt hat: „Wenn Jesus auferstanden, dann wir falsch." Jawohl: dann wir falsch. Weil aber Jesus auferstanden ist und lebt, darum ist und bleibt es richtig: „Es ist in keinem anderen Heil, ist auch kein anderer Name unter dem Himmel den Menschen gegeben, darin wir sollen selig werden."

Nun ergeht an uns auf Ehre und Gewissen die Frage: Ist das eine Botschaft oder ist das keine? Wenn wir uns nicht gegen die Stimme des Gewissens die Ohren mit Watte verstopfen, dann werden wir auch dem 8. Leitsatz zustimmen. Er lautet:

8. Leitsatz:

> **Durch das absolute Vertrauen auf den auferstandenen Jesus Christus erfüllt sich das Sehnen des menschlichen Herzens nach Geborgenheit und Frieden. Kein Religionsstifter vermag dieses letzte Sehnen zu stillen, was durch die mühevollen Heilsanstrengungen bewiesen wird.**

Wir sahen: Mohammed hat die Lehre von der völligen und fatalistischen Unterwerfung unter das kalte Zepter Allahs und strengste Erfüllung von religiösen Vorschriften und Gesetzen. Buddha und der Hinduismus haben die Lehre vom gnadenlosen Karman, von der Vergeltung, die sich von Wiedergeburt zu Wiedergeburt schleppt. Buddha hat außerdem die Lehre vom Auslöschen des Begehrens. Im Buddhismus heißt es wörtlich: „Von Schmerzen frei sind diejenigen, die nichts Liebes in der Welt haben." Da kann ich nur sagen: Welch eine Eiseskälte! Welch eine Polarnacht-Religion!

Islam, Hinduismus und Buddhismus sind strenge Gesetzesreligionen, unter deren Joch der Mensch letztlich nur stöhnen kann. Evangelium aber ist Offenbarung Gottes in Jesus. Jesus schenkt sich uns selbst. Wenn wir im Glauben und Vertrauen die Hände des Auferstandenen und Gegenwärtigen ergreifen, dann ergreifen wir damit auch den Frieden. Gottes Wort sagt von Jesus Christus: „Es ist unser Friede." Mit erlangtem Frieden erfüllt sich das Sehnen des menschlichen Herzens.

Ein japanischer Buddhist hat dies erlebt. Er bezeugt uns: „Jesus Christus starb am Kreuz. Auch Konfuzius, Sokrates und Buddha starben, so wie wir alle sterben und begraben werden. Aber etwas Außergewöhnliches, das nie zuvor geschah, widerfuhr Christus: das ist seine Auferstehung.

Es ist nicht in Worte zu fassen, was ich bei diesem Wort ‚Auferstehung‘ fühle. Einer, der an die Auferstehung glaubt, wird selbst wieder zum Leben erweckt, so wie es Christus widerfuhr.“

Wenn wir wie dieser japanische Buddhist ebenfalls Jesus Christus im Glauben und Vertrauen ergreifen, wird auch uns widerfahren, was Jesus Christus für uns erworben hat:

> Vergebung der Sünde und Schuld,
> Friede des Herzens,
> Geborgenheit inmitten einer chaotischen Welt,
> bleibendes und ewiges Leben.

Zeugnishaft darf ich sagen: Gerade die Beschäftigung mit den anderen Religionen hat mir erneut die Einzigartigkeit Jesu Christi bewußt gemacht. Mit noch mehr Überzeugung als bisher darf ich bekennen: „Es ist in keinem anderen Heil, ist auch kein anderer Name unter dem Himmel den Menschen gegeben, darin wir sollen selig werden.“

Aus dieser Tatsache gilt es nun, die Folgerungen zu ziehen.

Fünf Folgerungen

Sie lauten:

1. Weil Gott sich nicht gegensätzlich offenbart, die Wahrheitsfrage aber entscheidend bleibt, kann nicht beides zugleich stimmen: Jesus Christus einerseits und Hinduismus, Buddhismus und Islam andererseits.

2. Weil in Jesus Christus die personale Offenbarung Gottes tatsächlich erfolgt ist, ist Jesus Christus und sein Evangelium berufen, die geistige Grundlage der Welt und Menschheit zu bilden, einer Welt, die sich gerade in unseren Tagen immer mehr auf Einheit hin entwickelt.

3. Jesus Christus erhebt mit seinem ganzen Heils- und Erlösungswerk und seinem Wort: „Gehet hin in alle Welt...“

den Anspruch auf Universalität. Der Glaube an Christus darf sich nicht nur auf geistige Einsicht beschränken, sondern verpflichtet alle Christen gerade heute in einer einswerdenden Welt zum Gehorsam ihrem Herrn gegenüber. Darum ist jeder an seinem Teil gerufen, daran mitzuhelfen, daß die Heilsbotschaft allen Menschen verkündigt werden kann und so Jesu Anspruch auf Universalität wahrgenommen wird.

4. Hinduismus, Buddhismus und Islam sind von Menschen ausgehende und darum letztlich hilflose Versuche, den Hintergrund der Welt zu enträtseln. Alle drei sind trotz heutiger zum Teil starker Zerrissenheit doch Gesetzesreligionen, die darum die Begriffe Gnade, Erbarmung und Erlösung nicht kennen. Das große Sehnen der Menschheit kann aber nur dann erfüllt werden, wenn sich das Füllhorn der Offenbarung über sie ergießt und der Menschheit Gnade, Erbarmung und Erlösung geschenkt wird, statt von der Peitsche des Gesetzes geschlagen zu werden. Dieses große Geschenk bleibt aber allein Jesus Christus und seinem Evangelium vorbehalten.

5. Ferner sind diese drei Gesetzesreligionen aus bestimmten Kulturen erwachsen (z. B. der Islam mit seinen täglichen fünf Waschungen aus den industrielosen Wüstenländern mit ihrem Staub). Weithin sind sie an diese Kulturen gebunden.

Das Evangelium Jesu Christi hingegen ist an keine bestimmte Kultur gebunden. Es umfaßt alle Lebensbereiche und Kulturen. Der Kulturauftrag „Machet euch die Erde untertan" ist mithin viel besser der Begegnung mit der modernen Welt der Technik, wie auch dem Kommunismus gewachsen, als dies den drei Religionen ihrem Wesen nach jemals möglich ist.

Mithin lautet die Folgerung: Das Evangelium Jesu Christi erweist sich sowohl von seinem Offenbarungscharakter als auch von seiner klaren dogmatischen Botschaft her als universales Lebensprinzip und als formende Kraft jeder menschlichen Gesellschaft und Kultur.

Angesichts dieser fünf Forderungen darf die Christenheit getrost kommenden Tagen entgegengehen. Weil in Jesus Christus die personale Offenbarung Gottes in der Geschichte erfolgt ist, steht auch die Begegnung mit den Religionen unter der Verheißung und Gewißheit:

> Du wirst dein herrlich Werk vollenden,
> der du der Welten Heil und Richter bist;
> du wirst der Menschheit Jammer wenden,
> so dunkel jetzt dein Weg, o Heilger, ist!
> Drum hört der Glaub nie auf zu dir zu flehn;
> du tust doch über Bitten und Verstehn.

Verzeichnis wichtiger Worte

Allah, der = Gott Mohammeds und des Islams als der einzige Gott.

Askar-Universität, die = bedeutendste Universität des Islams in Kairo.

Atman, der (indisch) = das Eigentliche, das Selbst im Menschen. Es besteht in Einheit mit der Weltseele, dem Brahman.

Benares = heiligste Stadt in Indien, liegt am Ganges, bedeutend für Hinduismus und Buddhismus, dort hielt Buddha seine erste berühmt gewordene Predigt.

Bhagavad-Gita, die = „Gesang der Erhabenen", kurz die Gita genannt, das meistbenutzte Erbauungsbuch der Inder.

Brahma, der (sanskrit) = ein Gott des Hinduismus.

Brahman, das = im Hinduismus das gewöhnlich unpersönlich gedachte Seelische, die Weltseele.

Brahmane, der = Angehöriger der indischen Priesterkaste, Vornehmer, Wissender.

Brahmaismus, der = Lehre von Brahma.

Buddha, der = der „Erleuchtete".

Derwisch, der (persisch) = „Bettler", Mitglied mönchsartiger Genossenschaften des Islams, verzichten auf irdischen Besitz, versuchen in Andachtsübungen durch erregende Mittel eine mystische Vereinigung der Seele mit Gott zu erreichen. Auch Bezeichnung des bekanntesten Ordens im Islam. Es gibt etwa 80 Orden.

Hadith (arab.) = „Mitteilungen", angebliche mündliche Äußerungen Mohammeds, im 7. Jahrhundert in sechs Werken zusammengestellt.

Hadschi, der (arab.-pers.) = Mekkapilger.

Hinayana-Buddhismus, der = „das Kleine Fahrzeug" (zum Heil). Ältere (indische) Form des Buddhismus. Das Heil erlangen nur Mönche.

Hinduismus, der = die eigentliche Volksreligion Indiens.

Hindu, der = eingeborener Inder, Anhänger des Hinduismus.

Iman, der (arab.) = „Vorsteher", Vorbeter im islamischen Gottesdienst, Titel für verdiente Gelehrte des Islams. Priester kennt der Islam nicht.

Islam, der (arab.) = „Unterwerfung" unter Allah, Name der von Mohammed gestifteten Religion.

Jainismus, der = eine dem Buddhismus verwandte indische Religion asketischer Selbsterlösung; gestiftet im 6. Jahrhundert v. Chr., hat noch heute ca. 1,5 Mill. Anhänger.

Joga vgl. Yoga.

Kaaba, die (arab.) = „Würfel", das altarabische Heiligtum in Mekka, schwarzer Steinbau in der großen Moschee von Mekka, von Mohammed „umgetauft", seitdem Zentralheiligtum des Islams.

Kathartik, die (griech.) = „Reinigung", das der religiösen Reinigung dienende Regel- und Vorschriftswesen.

Karman, das (sanskrit) = auch Karma = „Werk", „Tat", gemeinsame Lehre im Hinduismus und Buddhismus von Schuld und Vergeltung. „Gesetz der Vergeltung", Schicksalglaube. Lehre von der Wiederverkörperung als Mensch, Tier oder Pflanze. Das Karman wird bestimmt von der Summe guter oder böser Taten eines Menschen in einer Reihe von früheren, der jetzigen und den künftigen Verkörperungen oder auch als Dasein nach dem Tode im Himmel oder in der Hölle.

Kismet, das (arab.) = „Zugeteiltes", unabwendbares von Allah bestimmtes Schicksal.

Koran, der (arab.) Alkoran = „Lesung", das heilige Buch der Mohammedaner, angeblich auf unmittelbare Eingebungen des Erzengels Gabriel an Mohammed herrührend, mit 114 Suren (Kapiteln).

Kosmogonie, die (griech.) = Lehre von der Weltentstehung.

Krishna, der = ein Gott des Hinduismus, soll 16 000 Frauen und 180 000 Söhne gehabt haben. Meistens mit blauer Farbe dargestellt.

Mahayana-Buddhismus, der = das „Große Fahrzeug", jüngere Form des Buddhismus, welche die Erlösung vom Weltleid auch den Massen ermöglichen will.

Maya (ind.) = Täuschung, Blendwerk, Beurteilung der Sinnenwelt, daß sie bloßer Schein sei.

Mekka = saudi-arabische Stadt, heilige Stadt des Islams.

Minarett, das (arab.-türk.) = Moscheenturm, auf dem der Muezzin die Gebetsstunden ausruft.

Moslem, der = der „Gottergebene", Selbstbezeichnung der Anhänger des Islams, auch Muslin, Mohammedaner.

Muezzin, der (arab.) = Gebetsrufer im Islam, der täglich fünfmal (früher dreimal) zum Gebet ruft.

Nirwana, das (sanskrit) = „Erlöschen", die „Meeresstille des Gemütes", Versinken in eine unveränderliche Seelenruhe, eine überzeitliche Wonne, Zustand der Seligkeit. Ins Nirwana kann man als „Erleuchteter" schon während des Lebens eingehen. Im Nirwana sind die drei Grundübel menschlichen Daseins ausgelöscht: Sinnenlust, Haß und Nichtwissen.

Polygamie, die = Vielweiberei. Im Islam soll sie sich auf möglichst vier Frauen beschränken.

Proskynese, die (griech.) = liegende oder kniende Anbetung und Huldigung.

Ramadan, der (arab.) = der Fastenmonat, in dem angeblich Mohammed seine Offenbarungen empfangen hat. Das Fasten geht von Sonnenaufgang bis Sonnenuntergang.

Samsara = im Hinduismus Bezeichnung für die Seelenwanderung, das Rad der Wiedergeburten, der ewige Kreislauf des Lebens.

Sanskrit, der (ind.) = „gebildet", „Gelehrtensprache", die Hochsprache der klassischen Literatur der arischen Inder.

Siva, der = größter Gott des Hinduismus, nimmt mehrere Erscheinungsweisen an.

Sure, die (arab.) = Kapitel des Korans, insgesamt 114.

Synkretismus, der (griech.) = Vermischung, Religionsmengerei (z. B. im Hinduismus).

Ulema, der = ein Lehrer des Koran.

Upanischaden, die (sanskrit) = „Geheimlehre", Schriftgattung innerhalb der Veden, welche die Lehre von dem Erlösungsweg aus dem Kreislauf der Geburten enthält.

Veda, der (sanskrit) = „Kenntnis", „Wissen", Name der heiligen Schriften der indischen Religion, besonders Rigveda und Atharvaveda. Mehrzahl die Veden.

Yoga, der (ind.) = „anspannen", „anschirren", ein indisches System des Hinduismus, das durch strenge Willensübung, Selbstzucht, Meditation, Kasteiung, Atemregulierung, Hypnose und Konzentration die Seele von der Materie und Leidenswelt befreien und sich dadurch mit dem Allgeist vereinigen will. In Europa steht der Yoga im Dienst der Gesundheit. Auch Joga geschrieben.

ZAHLENÜBERSICHT

Es bekennen sich zum

Christentum	877 Millionen
Buddhismus	190 Millionen
Hinduismus	380 Millionen
Islam	427 Millionen

INHALT

Der Unterschied zwischen Jesus Christus einerseits und Buddha, Mohammed und Hinduismus andererseits ist der Unterschied zwischen Erlösung und Selbsterlösung

Buddha, Mohammed und alle Religionsstifter sind tot. Jesus Christus aber ist leiblich auferstanden und lebt. Die Auferstehung Jesu ist die Versiegelung seines Lebens und Werkes

Durch das absolute Vertrauen auf den auferstandenen Jesus Christus erfüllt sich das Sehnen des menschlichen Herzens nach Geborgenheit und Frieden. Kein Religionsstifter vermag dieses letzte Sehnen zu stillen, was durch die mühevollen Heilsanstrengungen bewiesen wird